ullstein

Das Buch

Unglaublich, mit welchen Geschichten Delinquenten ihren Kopf aus der Schlinge ziehen wollen. Ein Todesschütze verteidigt sich damit, er habe seine Frau versehentlich bei der Rattenjagd erschossen. Ein Drogenkurier bezeichnet Rauschgift als Vitamine. Das »Hi Arschloch« zur Chefin war nicht als Beleidigung gemeint, sagt ein anderer. Und die Begründungen, weswegen man in eine Radarfalle geraten ist, sind Legion. Der Wunsch, nicht bestraft zu werden, ist allzu menschlich. Vor Gericht droht Ungemach in Form von Geldstrafen, Führerscheinentzug bis hin zu lebenslang hinter Gittern. Da konzentriert man sich zwangsläufig auf die Suche nach einem Weg, ungeschoren davonzukommen. Meist bleiben die fadenscheinigen Ausreden erfolglos. Dieses Buch versammelt absurde und dreiste Ausflüchte aus verschiedenen Rechtsgebieten. Deren Lektüre ist unterhaltsam und lehrreich zugleich: Man kann daraus lernen, wie man es nicht machen sollte – und womit man vielleicht Erfolg hätte.

Der Autor

Dr. iur. Patrick Burow, geboren 1965 in Hamburg, promovierte in seiner Geburtsstadt und ist seit 1996 Richter in Sachsen-Anhalt. Unter seinem Pseudonym Falk van Helsing veröffentlichte er bereits vierzehn Humorbücher mit einer Gesamtauflage von rund 130 000 Exemplaren. Als Amtsrichter wird er täglich mit Ausreden aller Arten konfrontiert.

PATRICK BUROW

ICH HABE NICHT GESCHOSSEN, NUR EIN BISSCHEN

Absurde Ausreden vor Gericht

Ullstein

Besuchen Sie uns im Internet:
www.ullstein-buchverlage.de

MIX
Papier aus verantwortungsvollen Quellen
FSC® C083411

Originalausgabe im Ullstein Taschenbuch
1. Auflage August 2018

Lektorat: Birthe Vogelmann
Umschlaggestaltung: zero-media.net, München
Titelabbildung: © FinePic®, München
Satz: LVD GmbH, Berlin
Gesetzt aus der Berkeley Oldstyle
Druck und Bindearbeiten: CPI books GmbH, Leck
ISBN 978-3-548-37765-0

Inhalt

Vorwort: Die trügerische Hoffnung, davonzukommen

Wie kann ich mich herausreden, wenn ich mit dem Messer in der Hand über die Leiche gebeugt erwischt werde? Wie kann ich davonkommen, wenn ich jemanden als »Arschloch« tituliert habe? Mit welchem Spruch kann ich Bußgeld und Punkte vermeiden, wenn ich quasi im Tiefflug in eine Radarfalle geraten bin?

Der Wunsch, nicht bestraft zu werden, ist nur allzu menschlich. Vor Gericht droht Ungemach in Form von Geldstrafen, Führerscheinentzug bis hin zu lebenslang hinter Gittern. Mit einem Bein im Gefängnis konzentriert sich der Verstand zwangsläufig auf die Suche nach einem Weg, aus der Sache ungeschoren rauszukommen.

Die Menschheitsgeschichte begann mit einer Ausrede: Eva, die erste Frau auf Erden, pflückte verbotenerweise den Apfel vom Baum der Erkenntnis. Doch sie gab sich unschuldig, denn die Schlange hatte sie dazu überredet. Schon seit die Zehn Gebote in Steintafeln gemeißelt wurden, haben die Menschen sich eine Enzyklopädie an Ausflüchten ausgedacht, um für ihre Übertretungen nicht bestraft zu werden.

Ausreden sind eigentlich Lügen. Der Ertappte biegt die Wirklichkeit für das Gericht zurecht, um straflos davonzukommen. Das reicht von »Ich war's nicht« über »Ich konnte nichts dafür« bis hin zu »So schlimm war's doch gar nicht«. Richter sind vornehme Leute. Sie würden niemandem ins Gesicht sagen, dass er lügt. Im Jurasprech ist eine Ausrede deshalb eine »unglaubwürdige Schutzbehauptung«.

Wer erwischt wird und eine gute Ausrede hat, kommt vielleicht davon, so die trügerische Hoffnung. Doch meist bleibt der Versuch, sich herauszureden, erfolglos. Schlimmer noch: Fadenscheinige Ausreden verschlechtern die Situation des Angeklagten sogar. Statt Straflosigkeit droht Strafschärfung. Denn Ausreden machen dem Richter Mehrarbeit und verärgern ihn, weil er sie widerlegen muss. Und sie lassen auch jegliches Unrechtsbewusstsein vermissen.

Es ist unglaublich, mit welch dummdreisten Geschichten viele Angeklagte ihren Kopf aus der Schlinge ziehen wollen. Ein Todesschütze verteidigte sich allen Ernstes damit, er sei bei der Rattenjagd gestolpert und habe versehentlich seine Frau erschossen. Ein Drogenkurier versuchte sich damit rauszureden, bei den 20 Kilogramm Rauschgift handele es sich um Vitamine. Ein Autofahrer versuchte den hohen Kokaingehalt in seinem Blut mit Red Bull zu erklären. Das »Hi Arschloch« zur Chefin sei keine Beleidigung gewesen, sondern entspreche dem legeren Umgangston am Arbeitsplatz. Spucken ins Gesicht wurde als feuchte Aussprache wegerklärt. Der illegale Totschläger sei keine Waffe, sondern ein Sexspielzeug, hieß es. Ein anderer Waffensammler rechtfertigte sich damit, die Waffen brauche er, um sich gegen die Bedrohung durch »intergalaktische Kampfsatelliten« zu verteidigen. Ein Raser versuchte, dem Bußgeld zu entgehen, indem er eine Rettungsfahrt des im Koma liegenden Wellensittichs zum Tierarzt behauptete. Ein Unfallverursacher meinte, nicht auf die Polizei warten zu können, denn er habe Viagra genommen und müsse schnell ins Bordell. Andere Angeklagte meinten herausgefunden zu haben, dass das Deutsche Reich fortbestehe und die Bundesrepublik Deutschland nicht existiere. Deshalb würden alle deutschen Gesetze gar nicht gelten.

Dieses Buch versammelt absurde, dreiste und kuriose Ausreden aus verschiedenen Rechtsgebieten, deren Lektüre gleichzeitig unterhaltsam und lehrreich ist. Denn sie sind oft nicht nur amüsant, sondern man kann aus ihnen auch lernen, wie man es *nicht* machen sollte und was vielleicht erfolgreich gewesen wäre – denn neben einer Reihe gescheiterter Ausreden gibt es pro Rechtsbereich jeweils auch eine, die Erfolg hatte.

1

»Der Katzenkönig hat es befohlen«
Körperverletzung und Mord

Haustyrannen, streitlustige Ehefrauen und zänkische Nachbarn – jeder kennt sie. Wer hätte da nicht schon mal an Mord gedacht? Doch demjenigen, der seine Wünsche in die Tat umsetzt, droht »lebenslänglich«. Deshalb versuchen ertappte Mörder, ihren Kopf mit einer vermeintlich cleveren Ausrede aus der Schlinge zu ziehen.

Bei Rattenjagd Frau erschossen

Der Gastwirt Ulrich S. (55) war vor dem Landgericht Coburg angeklagt, seine Frau im Oktober 2012 erschossen zu haben. Ein Schuss aus seiner doppelläufigen Schrotflinte hatte Marie S. (44) in den Bauch getroffen. Sie war verblutet.

Ein tragischer Unfall, beteuerte der Angeklagte. Er habe mit dem Gewehr Ratten im Keller jagen wollen. Gerade als seine Frau aus dem Badezimmer gekommen sei, sei ihm ihr Yorkshireterrier zwischen die Beine gesprungen. Er sei gestolpert und der tödliche Schuss habe sich gelöst.

Die Unfallversion hatte mit der Wahrheit nichts zu tun. Denn Ulrich S. erschoss seine Frau aus Eifersucht. Marie S. hatte einen Geliebten und wollte sich von ihrem Mann trennen. »Ich lasse dich nicht gehen!«, schrieb Ulrich S. daraufhin seiner Frau in einer SMS. Zudem stellte ein Sachverständiger fest, dass der tatsächliche Schusswinkel nicht mit dem beim Stolpern zu erwartenden übereinstimmte. Das Landgericht Coburg verurteilte Ulrich S. wegen Totschlags zu zwölf Jahren Freiheitsstrafe.

www.infranken.de/regional/coburg/Richter-bescheinigt-Ulrich-S-narzisstische-Zuege;art214,501248

Der »Katzenkönig«-Fall

Barbara H. und Peter P. brachten den Polizeibeamten Michael R. dazu, an die Existenz des »Katzenkönigs« zu glauben. Dieser würde seit Jahrtausenden das Böse verkörpern und die Welt bedrohen. Michael R. war in Barbara H. verliebt und wähnte sich auserkoren, gemeinsam mit den beiden anderen den Kampf gegen den »Katzenkönig« aufzunehmen.

Als Barbara H. von der Heirat ihres Exfreundes Udo N. erfuhr, entschloss sie sich aus Hass und Eifersucht, dessen Frau Annemarie N. von Michael R. töten zu lassen. Der »Katzenkönig« verlange ein Menschenopfer in der Gestalt von Annemarie N., sagte Barbara H. zu Michael R.; falls er die Tat nicht binnen einer kurzen Frist vollende, müsse er sie verlassen und die Menschheit werde vom »Katzenkönig« vernichtet.

Am 30. Juli 1986 suchte Michael R. Annemarie N. in ihrem Blumenladen unter dem Vorwand auf, Rosen kaufen zu wollen. Entsprechend seinem Auftrag stach der Polizist mit einem Fahrtenmesser hinterrücks der ahnungs- und wehrlosen Frau N. in den Hals, das Gesicht und den Körper, um sie zu töten. Als Dritte der sich nun verzweifelt wehrenden Frau zu Hilfe eilten, ließ R. ab und flüchtete. Annemarie N. überlebte.

Vor dem Landgericht Bochum konnte sich der Messerstecher nicht mit dem göttlichen Auftrag des »Katzenkönigs« herausreden. Eine Begutachtung hinsichtlich seiner Schuldfähigkeit ergab, dass R. nicht schwachsinnig war und auch nicht an einer krankhaften seelischen Störung litt. Zudem war er Polizeibeamter und wusste, dass Mord verboten war. R. wurde wegen versuchten heimtückischen Mordes zu acht Jahren Freiheitsstrafe verurteilt.

Bundesgerichtshof, Urteil vom 15.09.1988–4 StR 352/88

Der Leichensack

Der hoch verschuldete Hausmeister Rainer H. träumte vom großen Geld. Er wollte einen Teil seiner Schulden loswerden, indem er den Investmentbanker Dirk von P.-C. um seinen Luxuswagen brachte. Dirk von P.-C. bot nämlich im Internet einen fast neuen Audi A8 für 54 000 Euro an.

Rainer H. nahm Kontakt zu ihm auf und spiegelte Kaufinteresse vor. Bei dem Verkaufsgespräch am 14. Januar 2010 brachte Rainer H. Dirk von P.-C. mit dreizehn Schüssen aus kurzer Entfernung um. Um keine Spuren zu hinterlassen, transportierte er das Opfer in einem Leichensack vom Tatort weg und wollte es später unauffällig entsorgen.

Die Polizei kam schnell auf die Spur von Rainer H., denn von seinem Computer aus waren E-Mails an Dirk von P.-C. zur Vorbereitung des Autokaufs verschickt worden.

»Hohes Gericht, ich bin unschuldig«, behauptete der Angeklagte. Er habe mit dem Mord nichts zu tun. Doch zum Verhängnis wurde ihm der Leichensack. Er hatte vor dem Mord zwei solcher Leichensäcke bei eBay unter dem Nutzernamen »der oberboss« für 45,30 Euro gekauft. In einem steckte der Körper des ermordeten Dirk von P.-C. – die Polizei fand den Sack in Rainer H.s VW-Transporter. Eine Ausrede dafür, was er mit den Leichensäcken anderes vorhatte, als Leichen darin zu entsorgen, hatte der

Angeklagte dann nicht mehr. Rainer H. wurde wegen Mordes in Tateinheit mit Raub mit Todesfolge zu »lebenslänglich« verurteilt.

www.sueddeutsche.de/muenchen/landgericht-muenchen-lebenslange-haft-fuer-mord-an-manager-11076688

Das »Mörder-Chromosom«

Jürgen Bartsch wurde als der »Kirmesmörder« bekannt. Er sprach in vier Fällen Jungen im Alter von acht bis dreizehn Jahren auf der Kirmes an und überredete sie, ihm in einen stillgelegten Luftschutzbunker zu folgen. Dort missbrauchte er sie und brachte sie auf grausame Weise um. Das Landgericht Wuppertal verurteilte ihn deshalb 1967 zu lebenslanger Zuchthausstrafe.

Bartsch legte Revision ein. Er sei für die Morde nicht verantwortlich, da er das »Mörder-Chromosom« in sich trage. Dieser Argumentation folgte der Bundesgerichtshof nicht. »Dass die genetische Verankerung einer Triebanomalie die strafrechtliche Verantwortlichkeit ihres Trägers ausschließe oder erheblich vermindere, stellt nach dem gegenwärtigen Stand der Wissenschaft keine gesicherte Erkenntnis dar. Ein sogenanntes ›Mörder-Chromosom‹ ist (...) nicht nachweisbar. Was von der Revision in dieser Richtung vorgebracht wird, bewegt sich mehr auf dem Gebiete der Spekulation. Es mag zwar naheliegen, den mit der anomalen Chromosom-Konstellation XYY ausgestatteten Mann für besonders aggressiv zu halten. Zuverlässige wissenschaftliche Erkenntnisse, dass diese Chromosomenanomalie besondere verbrecherische Eigenschaften anzeige, liegen aber bis jetzt nicht vor.«

Bundesgerichtshof, Urteil
vom 21. 11. 1969–3 StR 249/68

Das Mordopfer lebt

Der Angeklagte hatte mit Frau H. ein Festzelt besucht. Frau H. wurde zuletzt lebend gesehen, als sie das Auto des Angeklagten bestieg und mit diesem wegfuhr. In seinem Auto fand die Polizei später umfangreiche Blutspuren sowie mehrere Haare von Frau H., in seinem Haus zudem einen roten Schuh von ihr. Die Leiche der Frau wurde allerdings nie gefunden.

Der Angeklagte verteidigte sich gegen die Mordanklage damit, dass das vermeintliche Mordopfer noch lebe. Er könne das durch Vernehmung der Hellseherin K. N. auch beweisen. Diese besitze die Gabe der Telepathie und des Hellsehens und sei insbesondere in der Lage, den Aufenthaltsort eines verschwundenen Menschen mitzuteilen.

Der Bundesgerichtshof hielt dieses Beweismittel für vollkommen ungeeignet. Die Ergebnisse der Parapsychologie könnten nicht als naturwissenschaftlich gesicherte Erkenntnisse anerkannt werden. Die hier in Rede stehenden Kräfte seien nicht beweisbar, sondern lediglich dem Glauben oder Aberglauben, der Vorstellung oder dem Wahn angehörend. Deshalb könnten sie vom Richter nicht als Quelle realer Wirkungen anerkannt werden. Der Angeklagte wurde wegen Totschlags zur Freiheitsstrafe von vierzehn Jahren verurteilt.

Bundesgerichtshof, Beschluss
vom 21. 02. 1978–1 StR 624/77

Aus Versehen erwürgt

Die Anklage warf André H. vor, er habe seine Freundin erwürgt oder mit einem Kissen erstickt. Anschließend habe er sie in einem Wald vergraben. H. gestand die Tötung – er habe seine

Freundin aber nur aus Versehen erwürgt. Sie habe einen Föhn eingestöpselt und versucht, ihn mit einem Stromschlag zu töten, als er in der Badewanne lag. Beim panikartigen Verlassen der Wanne sei er ausgerutscht und auf seine Freundin gefallen. Dann habe er einen Stromschlag erlitten, wodurch sich seine Hände um ihre Kehle verkrampft hätten. Als er sie wieder lösen konnte, sei seine Freundin bereits tot gewesen.

»Der geschilderte Hergang ist aus medizinischer Sicht nicht nachvollziehbar«, stellte der Rechtsmediziner fest. Beim massiven Würgen hätte er Befunde am Hals erwartet. Tatsächlich hatte H. seine Freundin mehrfach vergewaltigt, was DNA-Spuren an ihrer Leiche bewiesen. Er hatte dies zuvor bereits einmal getan, war von ihr angezeigt und verhaftet worden. Zwischenzeitlich hatte sie ihm wieder verziehen. Um die erneute Vergewaltigung zu vertuschen, brachte er sie um.

Das Landgericht Rostock verurteilte André H. wegen Mordes, Vergewaltigung und schwerer Körperverletzung zu lebenslanger Haft.

www.ostsee-zeitung.de/Region-Rostock/Rostock/
Urteil-im-Mordprozess-Lebenslang-fuer-Andre-H

Hinrichtung am Gartenzaun

Alles begann mit einem Häufchen Hundekot auf seinem Grundstück. T. verdächtigte die Hunde seiner Nachbarn und verbalisierte seinen Verdacht auf äußerst drastische Weise: »Wenn ich deine Hunde dabei erwische, wie sie mir aufs Grundstück scheißen, dann hau ich ihnen den Kopf ab!« T. beleidigte seine Nachbarn wiederholt und wurde deshalb vom Amtsgericht zu einer Geldstrafe verurteilt. Seitdem betrachtete er seine Nachbarn als seine Feinde und sann auf Rache. Er besorgte sich eine Pistole und beleidigte seine Nachbarn fortlaufend. Sein Plan war, sie zu einem Angriff zu provozieren und auf diese Weise eine Notwehrlage herbeizuführen, in der er sie erschießen könnte. T. befürchtete unter diesen Umständen allenfalls eine kurze Freiheitsstrafe.

Ein Nachbar beschnitt zusammen mit zwei weiteren Nachbarn mit einer Astschere Kiefern, als T. ihn erneut beleidigte. Der Nachbar kam, wie erhofft, zu T. herüber und betrat dabei dessen Pkw-Stellplatz. T. machte mit seinem Handy ein Foto, um zu dokumentieren, dass der Nachbar mit einer Astschere »bewaffnet« auf sein Grundstück »eingedrungen« sei und dadurch eine »Notwehrlage« herbeigeführt habe. Dann holte T. seine Pistole aus dem Haus. Der Nachbar rannte weg, doch T. schoss auf den Flüchtenden und traf ihn in die Schulter. Ein zweiter Nachbar war beim Weglaufen gestürzt und lag mit dem Rücken auf dem Boden. T. schoss zweimal auf seinen Kopf. Einer dritten Nachbarin versuchte T. aus einem Meter Entfernung in den Kopf zu schießen, doch seine Pistole hatte nun Ladehemmung. Die beiden angeschossenen Nachbarn überlebten wie durch ein Wunder.

Im Prozess berief sich T. auf Notwehr. Zu Unrecht, wie das Landgericht feststellte. »Die Taten des Angeklagten sind nicht gemäß § 32 StGB durch Notwehr gerechtfertigt, weil ihn die Nachbarn zu keinem Zeitpunkt rechtswidrig angegriffen haben. Selbst wenn der Nachbar gegen das Hausrecht des Angeklagten verstoßen haben sollte, indem er dessen Grundstück betrat, wäre dieser Angriff zum Zeitpunkt der Schüsse, die der Angeklagte auf den Nachbar abfeuerte, längst beendet gewesen, denn der Nachbar hatte das Grundstück des Angeklagten bereits verlassen und befand sich auf dem Weg zu seiner Frau und dem weiteren Nachbarn, als er vom Angeklagten in den Rücken geschossen wurde. Ein Angriff der weiteren beiden Nachbarn auf den Angeklagten liegt ebenso wenig vor. Ein solcher Angriff der unbewaffneten Nachbarn auf den mit einer Pistole bewaffneten Angeklagten liegt schon wegen der damit verbundenen offensichtlichen Lebensgefahr, der sich die Nachbarn ausgesetzt hätten, außerhalb jeder Lebenserfahrung.«

Das Landgericht Lüneburg verurteilte T. wegen versuchten Mordes in drei Fällen zu einer lebenslangen Freiheitsstrafe. Über Hundehaufen auf seinem Grundstück muss er sich jetzt nicht mehr ärgern.

Landgericht Lüneburg, Urteil
vom 13. 02. 2015–27 Ks 11/14

Messer gegen Faust

Der Angeklagte und Daniel K. waren afrikanische Gastarbeiter verschiedener Nationen. Sie lebten in Nachterstedt, Sachsen-Anhalt. Zwischen den Gruppierungen bestanden erhebliche Spannungen, es hatte auch schon Schlägereien gegeben.

Beim Verlassen einer Diskothek traf der Angeklagte auf Daniel K., der ihm entgegenkam und mit der Faust nach ihm schlug. Der Angeklagte rammte ihm daraufhin sein Taschenmesser in den Kopf. Das Messer drang infolge der großen Wucht des Stoßes mit der gesamten Klingenlänge in den Kopf des Opfers oberhalb des linken Ohres ein. Daniel K. starb.

Der Messerstich sei durch Notwehr gerechtfertigt, denn Daniel K. habe ihn verprügeln wollen, verteidigte sich der Angeklagte. Der Einsatz des Messers stelle keine erforderliche Verteidigung dar, wenn der Angreifer unbewaffnet gewesen sei, konstatierte dagegen der Bundesgerichtshof. Es reiche regelmäßig die Drohung mit der gefährlichen Waffe aus. Genüge dies aufgrund besonderer Umstände nicht, müsse der Verteidiger die Waffe zunächst in schonender Art und Weise einsetzen, eher er sich mit einem lebensgefährlichen Vorgehen zur Wehr setze. Die sofortige massive Gegenwehr unter schonungslosem Einsatz des Messers ohne Rücksicht auf das dadurch akut bedrohte Leben des Angreifers war ihm unter den gegebenen Umständen nicht erlaubt. Der Angeklagte war des Totschlags schuldig.

Bundesgerichtshof, Urteil
vom 07. 02. 1991–4 StR 544/90

Ich habe nicht geschossen, nur ein bisschen

Lothar K. fuhr zu schnell auf der Autobahn A4. Zwischen Bad Hersfeld und Kirchheim wurde er geblitzt. Er war geschockt, denn sein Punktekonto war übervoll. Ein weiterer Verstoß konnte den Führerscheinverlust bedeuten. Lothar K. fuhr zurück zur Messstelle. Er hatte nur einen Gedanken: Ich muss den Film haben. Mit einer Pistole wollte er den Messbeamten zur Herausgabe des Films zwingen.

Er klopfte an die Scheibe des Radarwagens, fragte nach Hilfe wegen einer vermeintlichen Autopanne, zog anschließend die Pistole aus dem Anorak und lud sie durch. Dann schoss er aus 30 bis 50 Zentimetern Abstand auf den Messbeamten. Die Kugel durchschlug dessen Brustkorb und tötete ihn auf der Stelle. Die Kugel flog weiter und traf den zweiten Messbeamten in den Unterarm. Dieser ließ sich aus dem Wagen fallen und konnte fliehen.

In der Hauptverhandlung versuchte K. sich damit herauszureden, der Schuss habe sich von selbst gelöst. Das wertete das Gericht als widerlegte Schutzbehauptung. Denn die Tatwaffe hatte einen hohen Abzugswiderstand von 2,2 Kilogramm. Hinzu kam, dass der Angeklagte im Umgang mit Schusswaffen erfahren war. Außerdem hatte er unmittelbar vor dem Schuss zur Intensivierung seiner Drohung die ungesicherte Pistole durchgeladen. Der Angeklagte unternahm verschiedene weitere Erklärungsversuche für den Schuss. Zuletzt hielt er als Erklärung ein Stolpern, Halt-Verlieren oder Erschrecken für möglich, ohne aber genau zu wissen, wie es zum Schuss kam. Unter diesen Umständen folgte das Landgericht den spekulativen Erklärungsversuchen des Angeklagten nicht. K. wurde wegen Mordes zu lebenslanger Freiheitsstrafe verurteilt.

Bundesgerichtshof, Beschluss
vom 11. 12. 2002–2 StR 400/02

Mit der Machete gegen Falschparker

Der 71-jährige Rentner war ein unbeholfener Autofahrer. Insbesondere das Ausparken von seinem Grundstück machte ihm Probleme, weshalb es ihn erheblich störte, wenn jemand gegenüber seiner Ausfahrt parkte, was dort allerdings erlaubt war.

Vom Küchenfenster aus sah er am 1. Februar 2008, wie ein Taxifahrer gegenüber seiner Ausfahrt parkte. Er folgte dem vermeintlichen Parksünder in die nahe gelegene Taxizentrale und forderte ihn auf, seinen Wagen umzusetzen. Der Taxifahrer weigerte sich und riet ihm, die Polizei zu rufen. Die würde ihn dann darüber aufklären, dass er nicht im Parkverbot stehe.

Die belehrende Antwort trieb dem Rentner die Zornesröte ins Gesicht. Er lief zurück in sein Haus und holte eine 70 Zentimeter lange Machete. Dann stürmte er in die Taxizentrale und hieb dem Taxifahrer die Machete wuchtig auf den Kopf. Dieser erlitt eine offene Schädelfraktur. Beim Versuch, einen zweiten Schlag abzuwehren, wurde der Zeigefinger abgetrennt und der Mittelfinger erheblich verletzt.

Vor Gericht sah der Rentner seine Tat als gerechtfertigt an. Er verteidigte sich damit, gegenüber seiner Ausfahrt sei Parken verboten. Seine Tat sei ein Akt der Selbstjustiz gewesen.

Die Richter ließen die Ausrede nicht gelten. Angesichts der Breite der Straße bestand objektiv keine Behinderung des Angeklagten. Und selbst wenn ein Parkverstoß vorgelegen hätte, hätte dieser nicht die beabsichtigte Tötung des Taxifahrers gerechtfertigt. Der Rentner wurde wegen versuchten Totschlags zu acht Jahren Freiheitsstrafe verurteilt.

Bundesgerichtshof, Urteil
vom 10.02.2010–2 StR 391/09

Mord aus Langeweile

Dem 20-jährigen Vietnamesen Thai Phuong H. war zu Hause langweilig. »Ich wollte los und was erleben«, sagte der Fan von Gewaltfilmen später vor Gericht. Mit dem Fahrrad durchstreifte er die Innenstadt von Dresden. »Jemand war so dumm gewesen, die Balkontür offen zu lassen«, sagte er später bei der Vernehmung. In der Wohnung saß der 52 Jahre alte Frührentner Lutz S. auf dem Sofa und schaute fern. Thai Phuong H. stieg über den Balkon in die Wohnung ein. Mit einem faustgroßen Stein schlug er seinem Opfer dreizehnmal ins Gesicht. Da Lutz S. die Attacke überlebte, schnitt er ihm mit einem Messer den Hals durch. Anschließend stahl er einige Sachen aus der Wohnung.

Langeweile ist kein anerkannter Rechtfertigungsgrund. Der Angeklagte wurde wegen Mordes in Tateinheit mit Raub mit Todesfolge zu einer Jugendstrafe von neun Jahren und fünf Monaten verurteilt.

Landgericht Dresden, Urteil
vom 29.07.2011–2 Ks 307 Js 1083/11

»Ich kannte die Nummer von der Polizei nicht«

Im Untergeschoss des Hotels Hafen Hamburg verprügelte ein Gebäudereiniger einen Kollegen. Als dieser am Boden lag, trat er ihm noch mehr als 50-mal ins Gesicht. Das Opfer erlitt unter anderem ein Schädel-Hirn-Trauma.

Khaled H., ein weiterer Gebäudereiniger, ging zweimal an dem schwer verletzten Mann vorbei, als der Schläger gerade Kräfte für die nächsten Tritte und Schläge sammelte. Er sah Blut aus dem Mund seines Kollegen sickern. Hilfe holte er nicht. Er wurde wegen unterlassener Hilfeleistung angeklagt.

»Warum haben Sie nicht die Polizei angerufen?«, wollte der Richter wissen.

»Ich kannte die Nummer der Polizei nicht«, lautete die Antwort.

Das glaubte das Gericht nicht, denn Khaled H. lebte schon seit über 20 Jahren in Hamburg. Er wurde zu einer Geldstrafe von 100 Tagessätzen zu je 15 Euro verurteilt.

»Hamburger Abendblatt«, 03. 11. 2014

Aus dem Bettchen gefallen

Die alleinerziehende 36-jährige Mutter zweier Kinder war froh, einen dreizehn Jahre jüngeren Freund zu haben. Leider hatte er einen aufbrausenden Charakter. Das Paar hatte sich schon dreimal getrennt, doch jetzt übernachtete ihr Freund wieder bei ihr.

Am Morgen des 24. Februar 2011 brachte sie ihren Sohn zur Schule. Ihr Freund blieb allein mit ihrer vierjährigen Tochter in der Wohnung zurück. Als die Mutter zurückkam, hatte ihre Tochter Blut an der Lippe und klagte über Schmerzen. Die aufgesuchte Kinderärztin schickte beide weiter ins Krankenhaus. Dort wurde ein Leberriss, eine neben dem Rückgrat gebrochene Rippe, die Stauchung eines Brustwirbels und zahlreiche Hämatome diagnostiziert. Das schwer verletzte Kind sagte der Polizei, es sei »ein böser Mann« gewesen, der ihr »wehgetan« habe. Der Freund ihrer Mutter habe sie auf den Boden geworfen.

Die Staatsanwaltschaft klagte den Lebensgefährten wegen gefährlicher Körperverletzung an. Der Angeklagte bestritt die Tat. Die Verletzungen erklärte er damit, das Kind sei aus dem Bett und dabei auf einige Holzklötzchen auf dem Teppich gefallen. Dann habe er das Mädchen zur Wiederbelebung an den Ohren gepackt und geschüttelt.

Das Landgericht Rottweil hielt das für eine unglaubhafte Schutzbehauptung. Das Gutachten der Mainzer Rechtsmedizin hatte einen Sturz von dem gerade mal 44 Zentimeter hohen Bett auf einen hochflorigen Teppich als Ursache der multilokalen Verletzungen ausgeschlossen, selbst wenn dort Holzklötzchen gelegen hätten.

Das Gericht fand auch ein Motiv für den Ausraster. Der Angeklagte hatte die Mutter heiraten wollen, das Kind war dagegen und lehnte den neuen Lebensgefährten strikt ab. Deshalb hatte der Angeklagte seine Wut an der Vierjährigen ausgelassen.

www.neckar-chronik.de/Nachrichten/23-jaehriger-Freudenstaedter-wegen-Misshandlung-vor-Gericht-155124.html

Elterliches Züchtigungsrecht

Die Angeklagte befand sich mit ihrer zweijährigen Tochter auf einer Geburtstagsfeier bei Nachbarn. Dort versetzte die Mutter ihr eine derart heftige Ohrfeige, dass das Kind das Gleichgewicht verlor, gegen die Tischkante prallte und auf den Boden fiel. Anschließend weinte das Mädchen bitterlich. Eine Nachbarin erstattete Anzeige.

Ihre Tochter sei frech geworden, rechtfertigte die Angeklagte sich. Sie habe Brause auf den Tisch gespuckt. Sie habe ihre Tochter ermahnt, das zu unterlassen; wenn sie das noch mal machen würde, »dann knallt es«, habe sie gedroht. Ihre Tochter spuckte noch einmal Brause auf den Tisch, und es knallte.

Das Verhalten der Kindesmutter ist nach geltendem Recht nicht gerechtfertigt. Das sogenannte Züchtigungsrecht wurde im Jahr 2000 durch die neue Fassung des § 1631 Abs. 2 BGB abgeschafft. Danach haben Kinder ein Recht auf gewaltfreie Erziehung. Körperliche Bestrafungen, seelische Verletzungen und andere entwürdigende Maßnahmen sind unzulässig. Die Angeklagte wurde wegen Körperverletzung zu einer Geldstrafe verurteilt.

Amtsgericht Burgwedel, Urteil vom 10. 11. 2004
–64 Ds 3643 Js 8475/04 (20/04)

ERFOLGREICHE AUSREDE: DER HAUSTYRANN

Die Fleischereifachverkäuferin L. H. entschloss sich, ihren Ehemann umzubringen. Sie wartete, bis er im Ehebett eingeschlafen war. Dann schnitt sie ihm mit einem 30 Zentimeter langen Fleischermesser fachgerecht die Kehle durch. Als er tot war, rief sie die Polizei.

L. H. wurde wegen heimtückischen Mordes angeklagt. Sie schilderte den Mord als einzige Möglichkeit, der unerträglich gewordenen Ehe zu entkommen. Ihr Mann sei im betrunkenen Zustand wiederholt gewalttätig geworden. Sie

habe befürchtet, dass ihr Mann auch das gemeinsame Kind schlagen würde. Deshalb habe sie ihn umgebracht.
Das Landgericht hatte Mitleid und erkannte auf eine Freiheitsstrafe von lediglich zwei Jahren, die zur Bewährung ausgesetzt wurde.
Die Rechtsprechung in den Haustyrannen-Fällen führt zur Teillegalisierung des Gattenmordes. Alles, was Sie dafür tun müssen, ist, ihren ermordeten Ehemann als echtes Ekelpaket zu charakterisieren. Durch die Do-it-yourself-Sofortscheidung ersparen Sie sich eine langwierige Scheidung und entlasten zudem die Familiengerichte.

Landgericht Offenburg, Urteil
vom 24. 07. 2002–1 Ks 2 Js 550/02

Ausreden, die Sie nicht benutzen sollten, wenn Sie wegen Körperverletzung und Mordes angeklagt sind

- »Er ist mir siebenmal ins Messer gelaufen.«
- »Sie war von einem Dämon besessen.«
- »Es war ein Rollenspiel.«
- »Ich wollte mal sehen, wie die Mordkommission arbeitet.«
- »Ich bin geisteskrank und gefährlich.«
- »Es war ein Gnadenschuss. Sie kränkelte in letzter Zeit.«
- »Seh ich wie ein Mörder aus?«
- »Ich wusste nicht, dass das Töten von Menschen verboten ist.«
- »Ich habe nicht geschlagen. Wenn ich wirklich geschlagen hätte, dann wäre er für Wochen im Krankenhaus.«

2

Faule Ausreden von Kleptomanen
Diebstahl und Raub

Den Verlockungen der Warenwelt kann kaum einer widerstehen, wäre da nicht die ständige Ebbe im eigenen Portemonnaie. Der Trendsport Klauen ist deshalb allgegenwärtig. Doch wenn der Hobbykleptomane vom Ladendetektiv erwischt wird, braucht er eine vermeintlich clevere Ausrede, um ungeschoren davonzukommen.

Der Denkzettel

Der Zollfahndungsbeamte A. nahm an einer schwierigen Hausdurchsuchung mit fünfzehn Beamten teil. Gemeinsam mit dem Kollegen B. fand er unter anderem eine Börse mit Bargeld, die zunächst auf das Fensterbrett im Schlafzimmer gelegt wurde. Sie sollte später in Verwahrung genommen werden. In einem unbeobachteten Augenblick nahm A. vier Tausendmarkscheine aus der Börse und steckte sie erst in seine Hosentasche und dann in seinen Rucksack. Kollege B. stellte später das Fehlen der 4000 DM (ca. 2000 Euro) fest und meldete es. Alle fünfzehn Teilnehmer der Hausdurchsuchung wurden von herbeigerufenen Spezialkräften durchsucht, woraufhin das Geld im Rucksack des Beamten A. gefunden wurde.

Dieser verteidigte sich damit, er habe B. einen Denkzettel verpassen wollen. Er habe ihm einen warnenden Schrecken einjagen wollen, weil dieser das Geld ca. eineinhalb Stunden lang völlig unbeaufsichtigt auf der Fensterbank habe liegen lassen. Die Geldbörse sei sehr diebstahlgefährdet gewesen. Nach dem erwarteten Schrecken habe er B. das Geld wieder aushändigen und dabei bemerken wollen, man dürfe die Asservate bei der Durchsuchung nicht herumliegen lassen.

Das Gericht glaubte die Denkzettelversion nicht. Dagegen sprachen bereits die unterschiedlichen Aussagen von A., denn zunächst hatte er behauptet, das Geld müsse ihm jemand in den Rucksack gesteckt haben; die Denkzettelversion lieferte A. erstmals vier Monate nach der Tat. Diese Erklärung war auch wegen des kollegialen und freundschaftlichen Verhältnisses zwischen A. und B. wenig glaubhaft. Wenn es ihm ernsthaft um die Sicherstellung des Geldes gegangen wäre, hätte ein einfacher Hinweis an den älteren und erfahreneren B. ausgereicht.

A. wurde zu einer Geldstrafe verurteilt und aus dem Dienst entfernt.

Bundesverwaltungsgericht, Urteil
vom 10. 11. 2004, Az.: BVerwG 1 D 26.03

Der Taschenbuch-Fall

Ein Philosophiestudent nahm in einem Kaufhaus einen Kriminalroman aus einem Verkaufsstand und steckte ihn ein. Er wurde beobachtet und beim Verlassen des Kaufhauses gestellt.

Der Angeklagte behauptete, er habe das Buch nur durchlesen und es dann zurückbringen wollen. Von einem Jurastudenten habe er erfahren, dass ein Gebrauchsdiebstahl nicht strafbar sei. Er sei kein Dieb, denn er habe nicht mit Zueignungsabsicht gehandelt.

Das Gericht ließ die Ausrede nicht gelten und verurteilte den Angeklagten wegen Diebstahls zu einer Geldstrafe. Der wirtschaftliche Wert eines neuen Buches für einen Buchhändler liege darin, dass es im neuen, ungebrauchten Zustand verkauft werden könne. Sei ein Buch einmal gelesen, könne der Händler es nicht mehr als neu anbieten und den vollen Preis beanspruchen.*

Oberlandesgericht Celle,
Urteil vom 16.03.1967–1 Ss 10/67

Der Schuhfetischist

Im Jahr 2009 beunruhigte eine Serie von Raubüberfällen die Frauen im Raum Köln/Bonn. Ein Mann schlich sich von hinten an die ahnungslosen Passantinnen heran, stieß sie zu Boden und riss ihnen die Schuhe von den Füßen. Eine sich heftig wehrende Frau schrie er an: »Schuhe! Gib mir deine Schuhe!« Anschließend floh er und ließ die Damen jeweils barfüßig zurück.

Infolge der Stürze trugen die Frauen Verletzungen davon. Aufgrund der Überwachungsbilder einer U-Bahn-Haltestelle konnte der Räuber als der 27-jährige Peter A. identifiziert werden.

Peter A. räumte die Raubüberfälle vor Gericht ein. Es sei ihm jeweils nur um den Kick des Überfalls gegangen. Nach den Überfällen habe er die Schuhe relativ schnell weggeworfen. Keinesfalls habe er sie als Trophäe behalten wollen.

Das war eine Ausrede, um von den wahren Beweggründen seiner Taten abzulenken. Das Gericht war davon überzeugt, dass Peter A. die Schuhe geraubt hatte, um an diesen sexuelle Handlungen vorzunehmen. Spermaspuren auf den Schuhen sprachen

* Häufig, aber ebenso erfolglos, wird diese Ausrede übrigens beim Diebstahl von Autos verwendet: »Das Auto wollte ich zurückgeben. Ich habe es nur für eine kurze Spritztour behalten wollen, vielleicht bis zum nächsten TÜV.«

eine deutliche Sprache. Auf seinem Computer gefundene Fotos zeigten ihn zudem beim Ablecken der Schuhe sowie beim Sex mit ihnen. Der Schuhfetischist war schlicht sexuell gestört. Das Landgericht Bonn verurteilte Peter A. wegen Raubes in sieben Fällen zu einer Freiheitsstrafe von vier Jahren und neun Monaten sowie zur Unterbringung in der Psychiatrie.

Landgericht Bonn, Urteil vom 17. 02. 2010
–23 KLs – 331 Js 346/09–32/09

Liebesschlösser

An der Hohenzollernbrücke in Köln knackte der Angeklagte mit einem Bolzenschneider 53 Liebesschlösser. Er wollte sie an einen Schrotthändler verkaufen, der ihm 3,20 Euro pro Kilogramm geboten hatte. Seine Beute wog etwa 15 Kilogramm. Dummerweise wurde er von einem Polizisten auf frischer Tat ertappt.

Der Angeklagte stand unter Bewährung und hatte allen Grund, sich irgendwie herauszureden. Der Schrotthändler habe ihm gesagt, dass der Diebstahl von Liebesschlössern nicht strafbar sei. Außerdem seien die Schlösser ja herrenlos.

Soweit der Angeklagte geglaubt habe, sein Handeln sei nicht strafbar, sei dies ein vermeidbarer Verbotsirrtum, urteilte das Amtsgericht Köln. Es liege auf der Hand, dass der Rechtsrat eines Schrotthändlers nicht ausreichend sei, der Irrtum des Angeklagten sei daher vermeidbar.

Die Liebesschlösser sind auch nicht herrenlos, sondern Eigentum derjenigen, die sie am Brückengeländer angebracht haben. Sie werden dem Brauch nach dort befestigt, um als Symbol für ewige Liebe für immer dort hängen zu bleiben. Diejenigen, die Schlösser an das Brückengeländer anbringen, wollen diese gerade nicht dauerhaft loswerden. Sie wollen sie nur an diesem speziellen Ort deponieren.

Der Angeklagte wurde wegen Diebstahls zu einer Freiheitsstrafe von drei Monaten ohne Bewährung verurteilt.

Amtsgericht Köln, Urteil
vom 10. 08. 2012–526 Ds 395/12

Aufgefangene Beute

Der Bundesgerichtshof machte mit einer faulen Ausrede kurzen Prozess: »Mit Recht hat das Landgericht die vom Verteidiger des Angeklagten, Rechtsanwalt Dr. K. aus E., in der Hauptverhandlung als Einlassung des Angeklagten verlesene Erklärung – die Beute sei dem Angeklagten von dem wahren Täter zugeworfen worden, als er, zufällig mit einer durchgeladenen Pistole bewaffnet, in einem Waldstück nahe einer Straße seine Notdurft verrichtet habe – als völlig lebensfremd und schlechterdings nicht nachvollziehbar bezeichnet.«

Bundesgerichtshof, Beschluss
vom 25. 01. 2005–3 StR 445/04

Die Kleptomanin

Die 37-jährige A. war wegen Ladendiebstahls von Kleidung angeklagt. Sie verteidigte sich damit, Kleptomanin und daher schuldunfähig zu sein.

Das Oberlandesgericht Koblenz ließ die Ausrede nicht gelten. Es bezweifelte schon, ob Kleptomanie eine von der Wissenschaft akzeptierte psychische Erkrankung sei. Wenn man das bejaht, ist die Stehlsucht dadurch charakterisiert, dass die Betroffenen impulsiv und quasi zwanghaft Gegenstände stehlen, die nicht zum persönlichen Gebrauch bestimmt sind und auch nicht der Bereicherung etwa durch Veräußerung dienen. Dieses Verhalten ist meist mit wachsender innerer Anspannung vor der Handlung und einem Gefühl von Befriedigung während und sofort nach der Tat verbunden. Demgegenüber hatte die Angeklagte jedoch geplant und zielgerichtet hochwertige Kleidungsstücke entwendet, die ihr gefielen.

Oberlandesgericht Koblenz,
Beschluss vom 18. 01. 2005–1 Ss 379/04

Drogenschulden

Die beiden Angeklagten suchten ihren Bekannten T. in seiner Wohnung auf. Mit ihren Fäusten und einem Tonfa, einer Eisenstange mit angeschweißtem Griff, prügelten sie auf T. ein und versuchten so, Geld von ihm zu bekommen. Er sagte, er habe kein Geld, woraufhin die Angeklagten ergebnislos die Wohnung durchsuchten. T. erlitt unter anderem einen Nasenbein- und einen Mittelhandbruch.

T. hätte bei ihnen Schulden in Höhe von 20 Euro aus früheren Drogengeschäften gehabt, sagten die Angeklagten vor Gericht aus. Um diese einzutreiben, seien sie zur Selbsthilfe berechtigt gewesen.

Selbsthilfe gem. § 229 BGB würde einen bestehenden Zahlungsanspruch voraussetzen, stellte der Bundesgerichtshof fest. Den Angeklagten als Drogenverkäufern stehe gegen den Käufer T. ein solcher Anspruch nicht zu. Die beiden hätten sich lediglich nach den Anschauungen der einschlägig kriminellen Kreise als berechtigte Inhaber eines Zahlungsanspruches gefühlt. Tatsächlich sind Drogenschulden kein von der Rechtsordnung anerkannter Anspruch.

Die Angeklagten wurden wegen versuchten schweren Raubes zu jeweils zwei Jahren Freiheitsstrafe verurteilt.

Bundesgerichtshof, Urteil vom 23. 07. 2008–5 StR 46/08

Erotisches Verhältnis zu Büchern

Ein 54-jähriger Gymnasiallehrer war beim Diebstahl eines Radioweckers erwischt worden. Bei der anschließenden Durchsuchung fand die Polizei 165 meist wissenschaftliche Bücher aus verschiedenen Bibliotheken in seiner Wohnung. Vor Gericht verteidigte er sich damit: »Ich habe ein erotisches Verhältnis zu Büchern.« Das war schon mal besser als das oft gehörte erotische Verhältnis zu Schülerinnen. Das Landgericht München erkannte die Ausrede trotzdem nicht an und verurteilte den inzwischen vom Dienst suspendierten Lehrer zu einer Freiheitsstrafe von einem Jahr und vier Monaten auf Bewährung. Im Wiederholungsfall wird er ein erotisches Verhältnis zu Handschellen und Gefängniszellen entwickeln müssen.

www.spiegel.de/lebenundlernen/uni/lehrer-als-langfinger-erotisches-verhaeltnis-zu-buechern-a-359353.html

Das Arbeitsamt ist schuld

Der 54-jährige A. ging auf große Diebestour in einem Supermarkt. Er entfernte die Diebstahlsicherung an einem Fahrrad und belud es unter anderem mit einem Fernseher, einem DVD-Player und einem Receiver. Dann schob er die Fuhre an der Kasse vorbei, ohne zu bezahlen. Weil das so gut geklappt hatte, kam er am nächsten Tag wieder. Er belud ein Damenrad mit Lederhandschuhen, einem Fahrradschloss, einer Camping-TV-Ausrüstung und einer Mini-Musikanlage. Doch diesmal wurde er vom Ladendetektiv erwischt. Das hinderte ihn nicht, am selben Tag zurückzukommen, um eine Satellitenanlage zu stehlen.

Vor dem Amtsgericht Pirna gestand der Angeklagte alle Ladendiebstähle. Trotzdem sah er sich im Recht. Er habe nur Dinge mitgenommen, deren Finanzierung ihm die Arbeitsagentur als Grundausstattung für seine Wohnung hätte bewilligen müssen. Weil die Behörde ihm das aber verweigert habe, sei er eben losgegangen und habe sich die Sachen direkt aus dem Geschäft geholt. Es sei eigentlich nicht seine Art, zu stehlen. Aber wenn man vom Amt das Geld, das einem zustehe, nicht bekomme, passiere so etwas halt.

Die Richterin war erschrocken über diese Einstellung und verurteilte den Ladendieb zu einem Jahr auf Bewährung.

»Sächsische Zeitung« vom 04. 04. 2017

Verräterische Nitrotinte

Ein Restaurantbesitzer wurde im Großhandelsmarkt mit einer teuren Lederjacke erwischt, deren Sicherung abgeknipst war, sodass Nitrofarbe über die Jacke gelaufen war. Ein klassischer Ladendiebstahl also.

Vor Gericht bestritt der Angeklagte jedoch einen Diebstahl. Die Jacke habe ihm gefallen, er habe sie vom Bügel genommen und über seinen Einkaufswagen gelegt. Da habe er die ausgelaufene Tinte entdeckt. »Die Farbe war auf der Jacke, das Sicherungsstück hing lose dran, und es kam immer mehr Tinte heraus.« Da sei er zur Werkzeugabteilung gegangen und habe einen Seitenschneider genommen, mit dem er den Rest abkneifen wollte. Er war also selbstredend von dem Wunsch beseelt, die gute Jacke vor der Tintenflut zu retten. Natürlich sei dabei auch Tinte an seine Hände gekommen. »Ich wollte die Jacke ja kaufen und bezahlen, auch mit den Flecken, damit Ruhe ist.«

Das Amtsgericht Norderstedt glaubte ihm kein Wort. Erfahrene Strafrichter wissen, dass häufig mit einer Zange versucht wird, die Diebstahlsicherung zu entfernen, was dann zu der Sauerei mit der Nitrotinte führt. Der Gastronom bekam eine Geldstrafe.

»Hamburger Abendblatt«, 30. 10. 2002

ERFOLGREICHE AUSREDE: DER MÜTZEN-FALL

Der Student H. trug auf einer Sitzung des Studentenparlaments der Marburger Philipps-Universität eine Verbindungsmütze. Der Angeklagte O. empfand das als provozierend, riss ihm die Mütze vom Kopf, lief mit ihr fort und warf sie, bevor H. ihn erreichte, einem anderen Studenten zu. Sie wurde dann zwischen mehreren Anwesenden hin und her geworfen. Auch der Angeklagte O. hielt sie dabei wieder häufig in der Hand. Als ihn der Student H. mehrmals zur Herausgabe der Mütze aufforderte, erklärte er, hierzu nicht bereit zu sein. Die Mütze verschwand schließlich.

O. wurde wegen Diebstahls angeklagt. Er verteidigte sich damit, er habe an der Mütze überhaupt kein Interesse ge-

habt. Es sei ihm nur darum gegangen, den Studenten H. zu ärgern und lächerlich zu machen.
Das Landgericht verurteilte O. wegen Diebstahls. Der Bundesgerichtshof hob die Verurteilung auf, denn O.s Absicht sei nicht auf Zueignung gerichtet gewesen. Es sei O. lediglich darum gegangen, seinen Kommilitonen zu ärgern. Er habe sich also nicht durch den wirtschaftlichen Wert der Mütze bereichern wollen.
Wir lernen: Wer etwas zum vergnüglichen Fangenspielen wegnimmt, klaut nicht. Wenn Sie das nächste Mal beim Ladendiebstahl erwischt werden, müssen Sie nur ein bisschen Fangen mit dem Ladendetektiv spielen, und schon gehen Sie straffrei aus.

Bundesgerichtshof, Beschluss
vom 28.04.1982–2 StR 18/82

Ausreden, die Sie nicht benutzen sollten, wenn Sie wegen Diebstahls und Raubes angeklagt sind

- »Ich habe den Wodka geklaut, weil ich mir wegen der Gerichtsverhandlung am nächsten Tag Mut ansaufen wollte.«
- »Wenn ich beim Klauen beobachtet werde, bekomme ich einen Orgasmus.«
- »Nach all den Jahren im Gefängnis wollte ich einfach wissen, ob ich es immer noch kann.«
- »Ich wollte das Fahrrad zum Fundbüro bringen. Allerdings habe ich die Adresse nicht gefunden.«
- »Ich klau doch nicht nur 20 Euro.«
- »Ich bin Schauspielerin und bereite mich auf eine Rolle vor, in der ich eine Ladendiebin spiele.«

3

High durch Kekse
Drogendelikte

Auch wenn man mit Drogen erwischt wird, braucht man eine gute Ausrede. Diese reichen von der Unkenntnis, dass es sich um Drogen gehandelt hat, über die nicht wissentliche Einnahme bis hin zum Irrtum über den Verstoß gegen das Betäubungsmittelgesetz.

Kiffen als ritueller Akt

Der Kläger, seines Zeichens Sänger und Liedkomponist, beantragte beim Bundesgesundheitsamt die Erteilung einer Erlaubnis zum Anbau von indischem Hanf. Dazu trug er vor, er bekenne sich zum Glauben der Rastas. Für die in Jamaika ansässigen Rastas sei das einheimische Marihuana – Cannabis sativa – das »heilige Kraut«, von dem an mehreren Stellen der Bibel gesprochen werde. Marihuana gelte unter der Mehrzahl der Rastas als Nahrung fürs Gehirn und als Heilmittel. Es werde außerdem bei rituellen Versammlungen geraucht. In Ausübung seines Grundrechts der Religionsfreiheit wolle er Marihuanapflanzen zum Eigenverbrauch anbauen, ernten und später bei Rastazeremonien konsumieren. Sein Ziel war es, seinen Cannabisgenuss offiziell zu legalisieren, um eine Strafbarkeit von vornherein auszuschließen.

Der Kläger zog bis vor das Bundesverwaltungsgericht – und verlor. Das Gericht sah die Gefahr einer Signalwirkung: Die Erteilung der begehrten Erlaubnis aus religiösen Gründen würde der Gefahr des Missbrauchs Tür und Tor öffnen. Der Hinweis, dass im Rahmen (oder auch unter dem Deckmantel) des Rastafari-Kults erlaubterweise Marihuana genossen werden könne, ließe sich leicht zu einer breiten Bresche ins Verbot des Cannabis-Gebrauchs ausweiten. Die Tatsache, dass der Kläger selbst im Internet seinen Prozess mit dem allgemeinen Feldzug gegen das Cannabisverbot verband, erschien hierfür als deutlicher Beleg.

Bundesverwaltungsgericht,
Urteil vom 21. 12. 2000–3 C 20/00

Vitamine aus den Niederlanden

T. sollte für eine Kurierfahrt von den Niederlanden nach Deutschland 10 000 Euro bekommen. Gemeinsam mit seinem Auftraggeber O. suchte er dafür ein Wohnmobil als Transportfahrzeug aus, kaufte es, reparierte es und ließ es auf seinem Namen zu. Die Kosten dafür sollte er zusätzlich zum Kurierlohn von O. bekommen.

Das Schmuggelgut wurde im Dachausbau des Wohnmobils versteckt. Nach dem Grenzübertritt nach Deutschland wurde T. routinemäßig überprüft. Dabei wurden 20 Kilogramm der Designerdroge Spice gefunden. Die Zubereitung war hoch konzentriert und hätte zum Verkauf an Endverbraucher auf 100 Kilogramm gestreckt werden müssen. T. wurde festgenommen.

Vor Gericht versuchte er sich damit herauszureden, er habe nicht gewusst, dass es sich bei der Fracht um Rauschgift handelte. O. habe ihm gesagt, dass es sich um pflanzliche Vitamine handele und diese zum Eigenverbrauch bestimmt seien. Er habe gedacht, die »Vitamine« seien in Deutschland legal.

Das Gericht glaubte der Vitamin-Ausrede nicht. Dagegen sprach schon der erhebliche zeitliche und finanzielle Aufwand, um ein passendes Transportfahrzeug zu finden, zu erwerben, zu reparieren und anzumelden, in dem die Betäubungsmittel versteckt und nach Deutschland eingeschmuggelt werden konnten. Gegen den behaupteten legalen Transport von Vitaminen sprach weiter das Verstecken im Dach des Wohnmobils. Außerdem hatte T. das Rauschgift gesehen und hätte dabei feststellen können, dass dieses nicht wie »Vitamine« aussah. Als langjährigem Drogenkonsumenten waren ihm zudem die Niederlande als Bezugsquelle von Rauschgift bekannt.

Das Landgericht Kleve verurteilte T. wegen Einfuhr von Betäubungsmitteln zu neun Jahren Freiheitsstrafe.*

Landgericht Kleve, Urteil
vom 06. 02. 2012–120 KLs 40/11

High durch Erkältungsmittel

In zwei Urinproben des Klägers war Amphetamin nachgewiesen worden, weshalb ihm die Fahrerlaubnis entzogen wurde. Dagegen klagte er vor dem Verwaltungsgericht und wandte dabei ein, die positiven Werte könnten durch Erkältungsmittel, andere Medikamente oder Appetitzügler verursacht worden sein, die er eingenommen habe und die amphetaminähnliche Wirkstoffe enthielten.

Das Verwaltungsgericht Neustadt wies die Klage ab. Nach seiner Auffassung sei dem Vortrag des Klägers schon deshalb kein Glauben zu schenken, weil er im Laufe des Verfahrens unterschiedliche Erklärungsversuche für die positiv ausgefallenen

---

* Eine Frage, die das Landgericht Kleve nicht gestellt hat: Was will jemand mit 20 Kilogramm Vitaminen zum Eigenverbrauch? Täglich ein Gramm nehmen und so 20 000 Jahre alt werden?

Urinproben unternommen habe. Nach wissenschaftlichen Erkenntnissen könnten Ephedrine nicht durch Stoffwechselprozesse in Amphetamin umgewandelt werden. Das vom Kläger genannte Präparat AN1, auch als »Amphetaminil« bezeichnet, werde nach den Recherchen des Gerichts im Internet nicht als frei verkäuflicher Appetitzügler gehandelt, sondern als Psychopharmakon charakterisiert, das schon seit Langem als Rausch- und Partydroge missbraucht werde. Dass der Kläger ein solches Mittel völlig arglos zum Abnehmen eingenommen habe, sei vor diesem Hintergrund nicht glaubhaft.*

Verwaltungsgericht Neustadt, Urteil
vom 27. 11. 2015–1 K 338/15. NW

Red Bull verleiht Flügel

Eine Verkehrskontrolle endete für einen 20-jährigen Mann mit einer Blutentnahme. In seinem Blut wurde Kokain festgestellt. Seine Fahrerlaubnis wurde daraufhin eingezogen.

Damit war der Mann nicht einverstanden. Das Kokain in seinem Blut komme daher, dass er regelmäßig Red Bull Cola trinke, behauptete er vor Gericht, an das er sich mit einem Eilantrag gegen die Entziehung der Fahrerlaubnis gewandt hatte.

Das Verwaltungsgericht glaubte dieser Ausrede nicht. Im Blut des Mannes waren 21 Nanogramm pro Milliliter des Kokainabbauprodukts Benzoylecgonin festgestellt worden. Zwar kann auch Red Bull Cola Cocablattextrakte enthalten, deren Konzentration liegt aber 7000- bis 20 000-fach unter dem Grenzwert,

---

* Merke: Bietet man dem Gericht ein Potpourri von Erklärungsversuchen eines positiven Drogentests an, geht das meist nach hinten los.

den der Mann achtfach überschritten hatte. Er bekam seinen Führerschein nicht wieder.

Die Ausrede des Mannes zog deshalb nicht, weil er nur ein paar Dosen Red Bull getrunken haben wollte. Hätte er dagegen glaubhaft dargestellt, dass er den Gummibärchensaft kanisterweise trinke, hätte die Sache vermutlich schon anders ausgesehen.

Verwaltungsgericht Bremen, Beschluss
vom 06. 03. 2013–5 V 98/13

500 Gramm Rauschgift für den Eigenkonsum

Ein 35-jähriger Mann hatte in einem Zeitraum von drei Monaten über 500 Gramm Haschisch, Ecstasy, Kokain und Marihuana im Internet bestellt. Er wurde wegen unerlaubten Handels mit Betäubungsmitteln angeklagt. Dagegen verteidigte er sich vor dem Amtsgericht mit dem Hinweis, er habe zwar in der Tat die Drogen im Internet bestellt, diese seien aber nur für den Eigenkonsum bestimmt gewesen.

Die Amtsrichterin und der Staatsanwalt waren dagegen der Meinung, dass der Angeklagte solch eine Menge unmöglich alleine konsumieren hätte können. Zudem hatte seine Exfreundin ausgesagt, dass der Angeklagte Drogen nicht nur konsumiert, sondern auch verkauft habe. Bei einer Wohnungsdurchsuchung waren folgerichtig szenetypische Verpackungstüten, eine Feinwaage sowie über 2000 Euro Bargeld gefunden worden.

Der Staatsanwalt fragte spitz, ob der Angeklagte noch eine Strafe im bewährungsfähigen Bereich, das heißt bis maximal zwei Jahre, haben wolle. Denn bei Drogenhandel dieser Art könnten auch schnell drei bis vier Jahre ohne Bewährung zusammenkommen. Schnell gestand der Angeklagte den Drogenhandel und wurde somit zu zwei Jahren Freiheitsstrafe auf Bewährung verurteilt.

www.infranken.de/regional/forchheim/500-Gramm-Drogen-im-Internet-bestellt;art216,2082377

Space-Kekse

Ausgerechnet ein auf dem Gebiet der Rauschgiftkriminalität eingesetzter Polizist geriet in eine Verkehrskontrolle. Die Blutprobe ergab unter anderem, dass er Cannabis (THC) konsumiert hatte. Ein einmaliges Versehen, rechtfertigte er sich in der Gerichtsverhandlung, in welcher es um die Entziehung der Fahrerlaubnis ging. Bei einem Ausflug in die Niederlande habe er spontan »Space-Kekse« konsumiert. Es handele sich dabei um eine harmlose Touristenattraktion, ohne dass es dabei darum gegangen sei, in einen Rausch zu geraten.

Das Verwaltungsgericht glaubte den erstmaligen Konsum nicht. Die Bezeichnung der »Space-Kekse« als harmlose Touristenattraktion sei verniedlichend. Als Polizist, der auch schon dienstlich mit illegalem Rauschgiftkonsum zu tun hatte, hätte er sich überhaupt nicht auf den Konsum von Cannabis einlassen dürfen. Der in seinem Blut festgestellte THC-Wert von 6,2 Nanogramm pro Milliliter sei auch zu hoch für den einmaligen Verzehr von Cannabis-Keksen. Es spreche alles vielmehr für einen mehr als einmaligen Cannabiskonsum.

Verwaltungsgericht Würzburg, Beschluss vom 25.09.2013–6 S 13 921

Unbemerkt ins Glas gekippt

Im Blut eines Autofahrers wurde Morphin festgestellt, was auf einen kürzlich erfolgten Heroin- oder Morphin-Missbrauch hinwies. Gegen die Entziehung seiner Fahrerlaubnis kämpfte er mit dem Argument einer unbewussten Rauschmitteleinnahme. Doch das Oberverwaltungsgericht Nordrhein-Westfalen hatte die Standardausrede »Jemand hat es mir unbemerkt ins Glas gekippt« schon zu oft gehört und würgte das Vorbringen des Klägers als substanzlose Ausrede ab. Eine unbewusste und ungewollte Rauschmitteleinnahme ist trotz der Häufigkeit derartiger Beteuerungen eine absolute Ausnahme, die glaubhaft und widerspruchsfrei dargetan werden muss. Die Einlassung des Antragstellers war hierfür nicht einmal im Ansatz geeignet. Es fiel insbesondere auf, dass die Angaben des Antragstellers zum Ort des Geschehens und zu den anderen bei der Party anwesenden Personen – einschließlich des Gastgebers – ausgesprochen karg waren. Er konnte nicht einmal angeben, wo genau die Feier stattgefunden haben soll. Den Gastgeber kannte er nicht und hat ihn auch nicht auf der Party selbst kennengelernt. Die anderen Partyteilnehmer wollte er ebenfalls nicht kennen. Auch wann die angebliche Party stattgefunden hatte, konnte er nicht genau angeben.

Oberverwaltungsgericht Nordrhein-Westfalen,
Beschluss vom 10. 03. 2015–16 B 24/15

Dumm stellen reicht nicht

Der Angeklagte war langjähriger Drogenkonsument und konnte sich seine tägliche Dosis Cannabis nicht mehr leisten. Im Internet besorgte er sich die synthetischen Drogen Methiopropamin

(MPA) und AKB-48 F. Das wie Amphetamin wirkende MPA verkaufte er zur Hälfte weiter, die andere Hälfte konsumierte er selbst. Aus dem AKB-48 F stellte er eine Kräutermischung zum Rauchen her, die wie THC eine bewusstseinsverändernde Wirkung hat. Den überwiegenden Teil verkaufte er an Jugendliche. Mit dem Erlös finanzierte er seinen Drogenkonsum.

Er habe nicht gewusst, dass die bestellten Drogen verboten seien, verteidigte er sich vor Gericht. Er habe auch keine Vorstellung über ihre Wirkung gehabt. Außerdem sei es ihm beim Verkauf »nicht so ums Geld gegangen«; ihm habe es auch Spaß gemacht, anderen etwas zu geben.

Das Landgericht glaubte dem Angeklagten seine Unkenntnis nicht: »Dabei ist der Kammer bekannt, dass von Konsumenten vor allem deshalb auf synthetische Drogen ausgewichen wird, weil diese (noch) nicht verboten sind. Allerdings weiß jeder erfahrene Konsument von Kräutermischungen, wie es der Angeklagte auch nach seiner Darstellung ist, dass diese Stoffe wie schon verbotene Substanzen wirken und es deshalb stets nur eine Frage der Zeit ist, bis auch die neuen Substanzen verboten werden. Jeder auch nur einigermaßen erfahrene Konsument synthetischer Drogen rechnet deshalb stets damit, dass ein Verbot auch hinsichtlich bislang noch nicht dem Betäubungsmittelgesetz unterfallender, derart wirkender Stoffe erfolgen wird. Er nimmt beim Erwerb solcher Stoffe, sofern er sich über deren gesetzlichen Status nicht über zuverlässige Quellen informiert – wozu Auskünfte anderer Konsumenten oder ungeprüfte Angaben in Internetforen sicher nicht zählen –, stets in Kauf, dass ein solches Verbot bereits erfolgt ist. Dabei hat er in der Regel vor, sich notfalls dumm zu stellen und die Schutzbehauptung vorzugeben, er habe geglaubt, die Droge sei legal. Eine Veranlassung, gerade dem Angeklagten diese Dummheit abzunehmen, hat die Kammer allerdings nicht ansatzweise.«

Die Kammer nahm dem Angeklagten auch seine Behauptung, er habe keine Vorstellung gehabt, wie die Drogen wirken, nicht ab. Der Angeklagte war ein erfahrener Drogenkonsument. Dass er so naiv gewesen sein könnte, mit hohem finanziellen Aufwand »ins Blaue hinein« Drogen zu bestellen, die er selbst konsumieren, aber auch verkaufen wollte, ohne deren Wirkung geahnt zu haben, schien der Kammer nicht glaubhaft. Das Landgericht verurteilte den Angeklagten zu zweieinhalb Jahren Freiheitsstrafe.

Landgericht Ravensburg, Urteil
vom 06. 03. 2015–2 KLs 23 Js 21719/13

ERFOLGREICHE AUSREDE: HASCHISCH IM SCHOKOKUCHEN

Ein 20-Jähriger fuhr Schlangenlinien auf der Autobahn und bremste das Auto immer wieder auf 15 km/h ab. Die Autobahnstreife stoppte ihn. Da der Fahrer auch noch gerötete Augen hatte und schwankte, nahmen ihn die Polizisten mit. Die Blutprobe verlief positiv auf Cannabis. Der Mann wurde wegen Trunkenheit im Verkehr angeklagt. »Das Haschisch muss im Schokokuchen gewesen sein«, verteidigte er sich vor dem Bonner Amtsgericht. Auf einer Party sei ihm und seiner Freundin Schokokuchen angeboten worden, der gut geschmeckt habe. Anders könne er sich den Cannabisgehalt (THC) im Blut nicht erklären. Er habe mit Drogen nichts zu tun, noch nicht einmal probiert. Die Amtsrichterin lächelte milde angesichts dieser originellen Version.

Die 18-jährige Freundin wurde als Zeugin vernommen. Sie beteuerte, dass beide keinerlei Kontakt zu Drogen hätten. Ihr sei nach Genuss des Kuchens extrem übel geworden und sie habe schnell nach Hause gewollt.
Die Amtsrichterin stellte das Verfahren ein.
Ergo: Wenn Freundinnen – die ja grundsätzlich nie eine Gefälligkeitsaussage für ihren Freund tätigen würden – die Geschichte vom Haschisch im Schokokuchen bestätigen, dann wird sie schon stimmen.

»Bonner Rundschau« vom 06. 06. 2010

Ausreden, die Sie nicht benutzen sollten, wenn Sie wegen Drogenmissbrauchs angeklagt sind

- »Ich bin seit Langem clean. Ich habe seit Beginn der Verhandlung nichts mehr genommen.«
- »Die Drogen haben mir die Bullen untergeschoben.«
- »Ich handele nicht mit Drogen, sondern gebe diese gelegentlich gegen Geld weiter.«
- »Ich habe kein Heroin genommen, nur Mohnkuchen gegessen.«
- »Das war keine Drogenküche in meiner Garage. Ich will Chemielehrer werden und übe für Experimente.«
- »Was heißt hier ›illegaler Drogenhandel‹? Ich hatte nur kein Geld für die Gewerbeanmeldung.«
- »Herr Vorsitzender, vielleicht sollten Sie auch mal was nehmen. Dann würden Sie die Dinge lockerer sehen.«

4

Von Arschlöchern und Stinkefingern
Beleidigungen

Beleidiger werden grundsätzlich falsch verstanden. Es sind eigentlich allesamt wohlerzogene Menschen, die einen vulgären Ausdruck wie »Arschloch« nie in den Mund nehmen würden – normalerweise. Entweder wurden sie also missverstanden, oder der Beleidigte war tatsächlich ein Arschloch …

»Schön'n Abend noch«

Der Fußballprofi Stefan Effenberg wurde 2003 wegen einer Geschwindigkeitsüberschreitung auf der A2 bei Braunschweig von der Polizei angehalten. Nach der Kontrolle soll er den Polizisten »Arschloch« genannt haben. Vor dem Amtsgericht Braunschweig beteuerte er seine Unschuld: Er habe lediglich »Schön'n Abend noch« gesagt. Doch die Richterin glaubte den Aussagen der beiden Polizeibeamten. Der beleidigte Polizist habe sehr detailreich und sicher ausgesagt. Zudem wurde seine Aussage von seinem Kollegen bestätigt. Das Amtsgericht Braunschweig erkannte auf 20 Tagessätze zu 5000 Euro, das ergibt 100 000 Euro. Nach einer erfolgreichen Revision wurde die Tagessatzhöhe auf 500 Euro reduziert, und Effenberg musste nur noch 10 000 Euro Strafe zahlen. »Arschloch« und »Schön'n Abend noch« klingen dennoch nicht ähnlich genug, um eine Verwechselung durch die Polizisten plausibel zu machen.

»Süddeutsche Zeitung« vom 11. 05. 2010

»Hi Arschloch«

Eine bei der Caritas angestellte Kinderkrankenschwester schickte ihrer Vorgesetzten folgende SMS:

»Hi Arschloch. Meine liebe I. könnt sich heute noch bekotzen, dass du sie umarmt hast u. dich verabschiedet hast!« Es fielen zudem noch die Worte »faule Sau«.

Die Caritas-Einrichtung kündigte der Kinderkrankenschwester fristlos. Diese erhob Kündigungsschutzklage und berief sich auf einen legeren Umgangston am Arbeitsplatz. So werde man dort mit »Na, Alte, wie geht's« oder »Rentner« angesprochen.

Das Landesarbeitsgericht empfand den in der SMS verwendeten Text allerdings nicht als »legeren Ton«, sondern als schwerwiegende Beleidigung einer Kollegin, die einen wichtigen Grund für eine fristlose Kündigung darstelle.

Landesarbeitsgericht Rheinland-Pfalz,
Urteil vom 18.05.2016–4 Sa 350/15

Der Amtsarsch

Der Angeklagte war wegen eines Rotlichtverstoßes von dem Polizisten R. angehalten und überprüft worden. Dem Angeklagten missfiel der angeblich rüde Ton des Polizisten und überhaupt die Art und Weise des Vorgehens des Beamten. Deshalb sandte er ihm eine Postkarte des Künstlers Klaus Staeck zu, welche die Rückansicht eines überdicken, feisten Gesäßes auf einem für dessen Größe viel zu kleinen Bürostuhl zeigt. Darunter ist als Text vermerkt: »Konturen eines Amtsarsches«. Handschriftlich setzte der Angeklagte »Gewidmet Polizeimeister R.« hinzu.

Er habe den Polizeibeamten nicht beleidigen wollen, verteidigte sich der Angeklagte vor Gericht. Er habe geglaubt, an der Karte würde sich der Polizist erfreuen, wenn er nur Humor und künstlerisches Verständnis habe. Schließlich stelle die Karte ja auch ein Kunstwerk dar. Er biete dem Polizisten an, auf seine, des Angeklagten, Kosten einen Volkshochschulkurs über Kunst zu besuchen.

Das Amtsgericht Hamburg sah in der »Amtsarsch«-Postkarte eine Beleidigung nach § 185 StGB. Der Angeklagte habe mit dem Übersenden der Karte die Ehre des Polizisten R. verletzt, indem er spätestens durch die Widmung der Karte den Zeugen als dem in all seiner Unästhetik und Hässlichkeit abgebildeten Menschen auf der Karte gleichgestellt und damit gegenüber dem Zeugen zum Ausdruck gebracht habe, was er von diesem halte. Der Angeklagte habe, nachdem er und der Beamte sich unter »wenig glücklichen Umständen« kennengelernt hatten, nicht davon ausgehen können, dass die Karte als erfreulicher Scherz aufgefasst würde. Das Gericht war davon überzeugt, dass der Angeklagte bei der Versendung der Karte tatsächlich nicht von dieser Vorstellung ausging. Es verurteilte ihn wegen Beleidigung zu einer Geldstrafe von 40 Tagessätzen.

Amtsgericht Hamburg, Urteil vom 09. 11. 1988
–201–518/88201 Cs/1100 Js 430/88

Durchgeknallte Staatsanwältin

Der Rechtsanwalt Hubert D. vertrat einen Beschuldigten in einem Ermittlungsverfahren wegen Veruntreuung von Spendengeldern. Alice Schwarzer hatte ihm 500 000 Euro anvertraut, die sie bei »Wer wird Millionär?« gewonnen hatte. Doch statt mit dem Geld, wie besprochen, verfolgten Frauen zu helfen, kaufte er sich ein protziges Auto und ging ins Bordell. Nachdem gegen den Beschuldigten auf Antrag der Staatsanwaltschaft Haftbefehl erlassen worden war, kam es bei der Haftbefehlsverkündung zu einer heftigen Auseinandersetzung zwischen der Staatsanwältin und dem Strafverteidiger, der der Ansicht war, sein Mandant werde zu Unrecht verfolgt.

Am Abend desselben Tages meldete sich ein Journalist, der eine Reportage über den Beschuldigten plante, telefonisch bei dem Rechtsanwalt. Verärgert über den Verlauf der Ermittlungen bezeichnete dieser im Laufe des Telefonats die mit dem Verfahren betraute Staatsanwältin unter anderem als »dahergelaufene«, »durchgeknallte«, »widerwärtige, boshafte, dümmliche« und »geisteskranke Staatsanwältin«. Die Staatsanwältin konnte ihre Titulierungen kurze Zeit später im »Stern« nachlesen. Sie zeigte den Verteidiger wegen Beleidigung an. Der Rechtsanwalt verteidigte sich mit dem Argument, er habe sich im »Kampf ums Recht« befunden, weshalb seine Bezeichnungen der Staatsanwältin erlaubt gewesen seien.

Das Landgericht Berlin war hier ganz anderer Ansicht. Die Äußerungen seien ehrverletzend gewesen. Durch sie würde man der Staatsanwältin in übertriebener Weise negative Eigenschaften und Verhaltensweisen zuschreiben, ihr den sittlichen und sozialen Geltungswert absprechen und ihr letztlich attestieren, sozial minderwertig und beruflich unzulänglich zu sein. Eine Rechtfertigung nach § 193 StGB liege in diesem Falle nicht vor. Anlass, Kontext und Zielrichtung der Äußerungen seien nicht mehr der Kampf ums Recht gewesen, sondern Ausdruck einer persönlichen Fehde gegen die ermittelnde Staatsanwältin, die einer haltlosen Verteufelung gleichkomme. Dies ergebe sich schon daraus, dass die Äußerungen weder relativierend noch bezogen auf ganz bestimmte, einzelne Handlungen der Staatsanwältin abgezielt hätten, sondern sie vielmehr insgesamt als Person und unabhängig von ihren Verhaltensweisen in den Vordergrund gestellt worden sei. Das Landgericht verurteilte den Rechtsanwalt wegen Beleidigung zu einer Geldstrafe von 70 Tagessätzen zu je 120 Euro.

Landgericht Berlin, Urteil vom 26. 01. 2015
– (569) 83 Js 445/10 Ns (126/13)

»Kotz-Kacke«

Zwei verfeindete Ärzte betrieben eine Gemeinschaftspraxis. Zudem waren sie Geschwister. Der Bruder beleidigte seine Schwester seit Jahren in unflätiger Weise, wobei einer seiner Lieblingsausdrücke »Kotz-Kacke« war. In einem Vorprozess hatte er sich zur Unterlassung sowie zur Zahlung einer Vertragsstrafe für den Fall weiterer Diffamierungen verpflichtet. Trotzdem ließ er sich zu weiteren Entgleisungen hinreißen. Mehrere Schreiben von Dritten an seine Schwester verzierte er mit dem Kürzel »K. K.« und legte sie ihr auf den Schreibtisch. »›K. K.‹ bedeutete nichts anderes als ›Kotz-Kacke‹«, regte sich die Schwester auf und verlangte die Zahlung der Vertragsstrafe.

Das Kürzel »K. K.« werde fehlinterpretiert, rechtfertigte der Bruder sich. Tatsächlich bedeute es »Kein Kommentar«. Eine Ausrede, befand das Oberlandesgericht Koblenz und verurteilte den Bruder zur Zahlung einer Vertragsstrafe von 10 000 Euro. Denn aus den Akten des Vorprozesses ergab sich, dass der Beklagte seine Schwester seit Jahren mit dem Ausdruck »Kotz-Kacke« belegte. Es handelte sich um eine im Sprachschatz des Beklagten fest verankerte Verbalschmähung. Wenn zentraler Gegenstand eines Vorprozesses zweier verfeindeter Ärzte die wiederholte, an den Kollegen gerichtete Beleidigung »Kotz-Kacke«

war, erlaubte das den Schluss, dass fortgesetztes Mobbing mit dem Kürzel »K. K.« dieselbe Schmähung zum Ausdruck bringe.

Oberlandesgericht Koblenz,
Urteil vom 29. 08. 2012–5 U 283/12

Feuchte Aussprache

Ein 41-jähriger Mann hatte in einem Supermarkt groß eingekauft. Doch seine Scheckkarte wurde nicht akzeptiert. Er geriet in Rage, beschimpfte die 63-jährige Kassiererin und spuckte ihr ins Gesicht. Er wurde wegen tätlicher Beleidigung angeklagt.

Vor Gericht wollte er einen Freispruch mit der Begründung, wenn er in Fahrt gerate, rede er nun mal wie ein Maschinengewehr und habe dabei leider eine recht feuchte Aussprache. Nie im Leben würde er eine Frau bespucken.

Die Kassiererin sagte dagegen aus, der wütende Mann habe sie vorsätzlich bespuckt. Das Beweismittel sei sichtbar in ihrem Gesicht und auf ihrer Kleidung zu sehen gewesen.

Das Landgericht Bonn verurteilte den Angeklagten wegen Beleidigung zu einer Geldstrafe von 1200 Euro.

»General-Anzeiger« vom 08. 02. 2006

Stinkefinger gegen Radarfalle

Der Angeklagte passierte eine Radarfalle, schaute zur Kamera – und zeigte den Mittelfinger der rechten Hand. Der den Film später auswertende Beamte fühlte sich durch den Stinkefinger beleidigt und erstattete Anzeige wegen Beleidigung.

Der Angeklagte behauptete, er habe am Straßenrand etwas stehen gesehen, was er zunächst für Sperrmüll gehalten habe. Er habe es dann aber als »Radaranlage« zur Geschwindigkeitsüberprüfung erkannt. Er habe keinen »Stinkefinger« gezeigt, sondern rhythmisch zur Musik auf das Lenkrad getrommelt.

Das Landgericht Kassel stellte fest, dass ein Stinkefinger dem verbalen »Leck mich am Arsch« gleichkomme. Von der Ausrede des Angeklagten hielt das Gericht nichts: »Die Kammer ist nicht so blauäugig anzunehmen, mit den Gesten habe der Angeklagte etwas anderes zum Ausdruck bringen wollen als den sog. ›Stinkefinger‹. Seine diesbezügliche Einlassung, er habe rhythmisch zur Musik auf das Lenkrad getrommelt, ist angesichts des etliche Sekunden andauernden Zeitraums, für den Lichtbilder vorliegen und in dem die Hände unverändert in der beschriebenen Art und Weise gehalten werden, bestenfalls als schlechte Ausrede, mit der das Gericht als dumm verkauft werden sollte, zu werten.«*

Landgericht Kassel, Urteil vom 30. 11. 2007
–9012 Js 44909/06–7 Ns

---

* In diesem Fall hatte der Angeklagte freilich Glück: Er kam mit einer zweiten Ausrede durch und wurde letztlich freigesprochen.

ERFOLGREICHE AUSREDE: ALL COPS ARE BASTARDS

Ein Fußballfan besuchte ein Spiel in Karlsruhe. Während des Spiels hielt er ein Transparent mit dem Akronym

A. C. A. B. hoch, was für »All Cops Are Bastards« steht (zu Deutsch: »Alle Polizisten sind Bastarde«). Einige der im Stadion anwesenden Polizeibeamten fühlten sich dadurch in ihrer Ehre verletzt. Der Fan wurde wegen Beleidigung zu einer Geldstrafe verurteilt.
Er erhob Verfassungsbeschwerde wegen Verletzung seines Grundrechts auf Meinungsfreiheit. Das Bundesverfassungsgericht gab ihm recht und hob die Verurteilung auf. Ein Kollektiv müsse, um beleidigungsfähig zu sein, klar abgrenzbar sein. Die Parole »A. C. A. B.« sei als allgemeine Äußerung von der Meinungsfreiheit abgedeckt, da damit eine »allgemeine Ablehnung der Polizei und ein Abgrenzungsbedürfnis gegenüber der staatlichen Ordnungsmacht zum Ausdruck« gebracht würde und sie nur als Beleidigung einzustufen sei, sofern sie sich auf eine »hinreichend überschaubare und abgegrenzte Personengruppe« beziehe. Aus dem angegriffenen Urteil sei jedoch nicht ersichtlich, dass die Äußerung sich individualisiert gegen bestimmte Beamte gerichtet habe.*

Bundesverfassungsgericht, Beschluss
vom 17. 05. 2016–1 BvR 2150/14

---

* Andere Angeklagte haben es mit Umdeutungen versucht. Die Parole »A. C. A. B.« sei völlig harmlos und bedeute »Acht Cola, acht Bier«, »Always Carry a Bible« oder »Anne-Cathrin aus Berlin«. Leider erfolglos. Denn die Abkürzung »A. C. A. B.« wird erfahrungsgemäß von zahlreichen Jugendsubkulturen, aber auch in der rechten Szene für die englischsprachige Parole »All Cops Are Bastards« verwendet. (Oberlandesgericht Stuttgart, Beschluss vom 23. 06. 2008–1 Ss 329/08)

Ausreden, die Sie nicht benutzen sollten, wenn Sie wegen Beleidigung angeklagt sind

- »Was willst du befangenes Stück Scheiße in der Robe von mir?«
- »Ich leide unter Tourette. Ständig muss ich ›Wichser‹ sagen.«
- »Ich bin Rapper und hatte gerade einen neuen Song komponiert, in dem die Worte ›Fuck cops‹ vorkommen.«
- »›Du Schlampe‹ habe ich nie gesagt, ich sprach vielmehr von meiner Duschlampe.«
- »Ich habe den Mittelfinger nur erhoben, um mir in der Nase zu bohren.«
- »Es gibt keinen Straftatbestand der ›Beamtenbeleidigung‹. Polizisten und Politessen dürfen straffrei beleidigt werden.«
- »›Vollidiot‹ – kann man so etwas nicht durch einen Intelligenztest beweisen?«
- »Mein Bewährungshelfer hat mir Schimpfen zum Frustabbau empfohlen. Also statt Baseballschläger.«

5

Auch Schwindler müssen ins Gefängnis
Beförderungserschleichung und Betrug

Der Betrüger bereichert sich, indem er die Dummheit seiner Opfer ausnutzt. Doch wenn die Sache aufgeflogen ist, machen viele Schwindler die Sache mit einer absurden Ausflucht noch schlimmer. Denn die Richter lassen sich ungern für dumm verkaufen.

Fauler Zauber

Der ehemalige Versicherungskaufmann Alexander M. hatte durch das Lesen entsprechender Lehrbücher auf Magier umgesattelt. »Der Magier ist zurückgekehrt. Er sieht, erkennt, hilft«, annoncierte er in einer Astrologiezeitschrift. Eine Berufsschullehrerin, die unter Depressionen litt, meldete sich auf die Anzeige. Sie hatte ein Verhältnis mit einem verheirateten Mann gehabt, welches dieser beendet hatte. Über den »Magier« wollte sie diesen Mann nun zurückbekommen. Kein Problem, antwortete der Angeklagte auf die Anfrage, selbstverständlich könne er durch seine magischen Fähigkeiten den angebeteten Mann veranlassen, zu ihr zurückzukehren.

Die Frau zahlte insgesamt 130 000 DM. (ca. 65 000 Euro) für den Liebeszauber. Sie musste hierfür Kredite aufnehmen und stürzte sich in den finanziellen Ruin. Doch die »Rückführung« blieb erfolglos, der Mann kehrte nicht zu ihr zurück.

Den Betrugsvorwurf wies der »Magier« weit von sich. Er habe

der Lehrerin lediglich eine esoterische Lebensberatung gewährt. Sie hätten beinahe täglich miteinander telefoniert. Sein Stundensatz von 170 DM. (ca. 85 Euro) entspreche vollständig der hierfür gelieferten Gegenleistung.

Das Gericht hielt eine »Gesprächstherapie« für unglaubwürdig. Bereits die Firmierung in der Zeitungsanzeige als »Magier« impliziere übersinnliche Fähigkeiten, die der Angeklagte der Zeugin wider besseres Wissen vorgegaukelt habe. »Er hat gesagt, durch seine magischen Fähigkeiten könne er mir den Freund zurückbringen«, sagte die Lehrerin aus. Gegen die »Gesprächstherapie« zum Stundensatz von 170 DM. sprach auch das Fehlen jeglicher Abrechnung. Der Plan des Angeklagten war in den Augen des Gerichts vielmehr, den Liebeskummer der Frau auszunutzen und dadurch den Großteil seines Lebensunterhalts zu finanzieren.

Das Amtsgericht verurteilte den »Magier« zu einer Freiheitsstrafe von zwei Jahren ohne Bewährung.*

Amtsgericht Backnang, Urteil vom 16. 12. 1999
–2 Ls 133 Js 72675/1998–821/99

Der Liebhaber ist schuld

Die 31-jährige Mutter von vier Kindern betrog ihren Ehemann über eine längere Zeit hinweg. Sie mietete für die Liebesnächte Suiten in mehreren Hotels. Doch die Hotelrechnungen konnte sie nicht bezahlen, auch das Taxi nach Hause nicht. Hinzu kamen noch eBay-Betrügereien. Der Schaden betrug insgesamt 11 000 Euro.

---

* Ob der »Magier« die Gitterstäbe im Justizschließfach weghexen konnte, ist nicht überliefert.

An den nicht beglichenen Hotelrechnungen sei allein ihr Liebhaber schuld, gab sie vor dem Amtsgericht zu Protokoll. Der sei ein vermögender Mann, habe alle Rechnungen bezahlen wollen, dies aber leider nicht getan. Den Namen des Liebhabers wollte sie nicht nennen, da ihr Mann schließlich bis heute nichts von der Affäre wisse.

Der Richter runzelte angesichts von fünf Eintragungen wegen Betrugs im Strafregister die Stirn. Denn ein paar Jahre zuvor hatte die Angeklagte die gleiche Masche in Düsseldorf abgezogen. Damals hatte sie die Nichtbezahlung der Hotelrechnung nicht mit einem wohlhabenden Liebhaber, sondern mit dem Diebstahl ihrer Handtasche samt EC-Karte erklärt. Der Richter verurteilte sie zu einem Jahr und drei Monaten auf Bewährung.

»Sächsische Zeitung« vom 17.09.2014

Notorischer Betrüger

Der Angeklagte hatte bei eBay eine defekte Spiegelreflexkamera (»für Bastler«) für 98,90 Euro ersteigert. Einen Tag nach der Ersteigerung teilte er dem Verkäufer per E-Mail mit, er habe den Kaufpreis inzwischen überwiesen. Dies glaubend, verschickte der Verkäufer die Kamera. Geld bekam er allerdings keins. Als dies auch nach weiterem E-Mail-Verkehr ausblieb, erstattete der Verkäufer Anzeige.

Der Angeklagte konnte bei seiner Verteidigung auf einen umfangreichen Erfahrungsschatz bauen, denn er war vierfach wegen Betrugs vorbestraft. Die Strategie dieses Premiumkunden der Justiz war, jeweils nach Scheitern einer Ausrede sofort die nächste nachzuschieben.

Ausrede Nummer eins: Er habe keine Betrugsabsicht gehabt,

denn bei eBay bekäme man die Ware erst nach Zahlung. Wenn der Verkäufer das Gerät leichtsinnigerweise vorher verschicke, sei er selbst schuld.

Ausrede Nummer zwei: »Ich habe nicht gewusst, dass das strafbar ist.« Diese Behauptung wäre glaubhafter gewesen, wenn der Angeklagte nicht bereits viermal wegen Betrugs vor Gericht gestanden hätte.

Ausrede Nummer drei: Er habe seine Frau beauftragt zu bezahlen und sei davon ausgegangen, dies sei geschehen.

Ausrede Nummer vier: Die Kamera sei defekt gewesen, weshalb er nicht mehr habe zahlen wollen. Eine Kamera »für Bastler« ist überraschenderweise defekt? Wohl kaum ein nachvollziehbarer Grund für die Nichtzahlung des Kaufpreises.

Letztlich hatte das Ausredenkarussell keinen Erfolg. Der Angeklagte war schon bei der Ersteigerung mittellos und hatte niemals vor, den Kaufpreis zu bezahlen. Der Betrüger wurde zu fünf Monaten Freiheitsstrafe verurteilt.

www.ovb-online.de/rosenheim/bad-aibling/
geduld-gerichts-strapaziert-1259208.html

Der Drucker war's

Ein 42-Jähriger war arbeitslos und hatte bereits Insolvenz beantragt. Alkoholiker war er auch (angeblich trocken) und auch schon wegen Betrugs vorbestraft. Er bestellte zwei Fachbücher im Internet. Die Rechnung über 22,80 Euro bezahlte er nicht. Die Staatsanwaltschaft klagte ihn wegen Betrugs an. Er habe die Bücher bestellt, obwohl er wusste, dass er sie nicht würde bezahlen können.

Vor dem Amtsrichter versuchte er sich damit herauszureden, er habe die Rechnung für die Bücher bezahlt. »Ich habe die Quittungen nicht dabei. Ich wollte sie ausdrucken und mitbringen, aber meine Druckerpatronen waren leer.«

»Die Straftat ist für Sie nicht untypisch. Dass Sie die Quittungen nicht dabeihaben, ist eine schlichte Ausrede«, entgegnete der Richter. Er verurteilte den Angeklagten zu drei Monaten auf Bewährung.

www.rp-online.de/nrw/staedte/hueckeswagen/
im-internet-bestellt-und-nicht-bezahlt-betrug-aid-1429822

Millionenschwere Finger

Ralf-Werner D. verlor beim Test seiner neu gekauften Tischkreissäge Daumen und Zeigefinger der linken Hand. Auf dem Weg ins Krankenhaus kamen beide Finger abhanden.

D. war Versicherungsvertreter und hatte kurz zuvor vier Unfallversicherungen über 1,4 Millionen Euro für sich selbst abgeschlossen. Doch statt zu zahlen, zeigten die Versicherungen ihn wegen Betrugs an. Ihnen kamen die vier Versicherungen, die hohen Deckungssummen und der kurze Abstand zwischen Vertragsschluss und Verletzung verdächtig vor. Auch hatte Ralf-Werner D. sich speziell gegen den Verlust von Fingern versichert.

Er sei unschuldig und ein Unfallopfer, verteidigte er sich vor dem Amtsgericht Norderstedt. »Ich sägte Kanthölzer fürs Agenturschild auf der neuen Kreissäge. Plötzlich kam mir einer meiner Pudel-Spitz-Mischlinge zu nahe. Ich wollte ihn vertreiben, trat dabei meinem anderen Hund auf den Schwanz. Ich stolperte, stützte mich ab.« An das, was danach passierte, erinnere er sich nicht mehr.

Der Sachverständige Prof. Hans-Jürgen Kaatsch stellte Indizien für einen fingierten Unfall fest: Ralf-Werner D. war allein. Es war nicht die Gebrauchshand, die verletzt war. Nur Daumen und

Zeigefinger fehlten, der Rest der Hand war unversehrt. Die glatten Schnittverletzungen konnten nur dadurch entstanden sein, dass die Hand mit Absicht in die Kreissäge hineingeschoben wurde. Das Hineingeraten durch einen unglücklichen Sturz schloss der Sachverständige aus.

Der 50-jährige Angeklagte wurde wegen versuchten Versicherungsbetrugs zu einer Bewährungsstrafe von einem Jahr und zehn Monaten verurteilt.

www.spiegel.de/panorama/justiz/versuchter-versicherungs-betrug-mann-saegt-sich-absichtlich-finger-ab-a-1000462.html

»Ich fahre schwarz«

Ein bekennender Schwarzfahrer bestieg den ICE von Köln nach Frankfurt am Main. Er suchte sich einen Sitzplatz und setzte sich hin. Dabei trug er eine Wollmütze, an der er einen Zettel mit der Aufschrift »Ich fahre schwarz« befestigt hatte. Wegen Beförderungserschleichung angeklagt, verteidigte er sich damit, ein Erschleichen der Fahrt liege gerade nicht vor. Durch den Zettel an seiner Mütze habe er jedermann kundgetan, dass er über keine Fahrkarte verfüge.

Das Oberlandesgericht Köln hielt die Verurteilung des Überzeugungstäters zu einer Geldstrafe aufrecht. Nach der Rechtsprechung wird eine Beförderungsleistung bereits dann im Sinne des § 265a Abs. 1 StGB erschlichen, wenn der Täter ein Verkehrsmittel unberechtigt benutzt und sich dabei allgemein mit dem Anschein umgibt, er erfülle die nach den Geschäftsbedingungen des Betreibers erforderlichen Voraussetzungen. Der Angeklagte hat sich mit dem Einsteigen in den abfahrbereiten ICE und der anschließenden Sitzplatzsuche im Zug mit dem »Anschein der

Ordnungsgemäßheit« umgeben. Der an seiner Mütze angebrachte Zettel mit der sicht- und lesbaren Aufschrift »Ich fahre schwarz« war nicht geeignet, den durch das Einsteigen in den Zug gesetzten Anschein zu erschüttern. Sein Verhalten erschien insbesondere auch deshalb zunächst regelkonform, weil die Beförderungsbedingungen ein Nachlösen der Fahrkarte im Zug ermöglichten.

Oberlandesgericht Köln, Beschluss
vom 02. 09. 2015 – III-1 RVs 118/15

Radierungen einer Freundin

Eine 73-jährige Rentnerin wurde im Großraum München in der S-Bahn mit einer manipulierten Streifenkarte erwischt. Der ursprüngliche Stempelaufdruck war ausradiert und die Karte anschließend erneut entwertet worden. Sie wurde wegen versuchten Betrugs und Urkundenfälschung angeklagt.

Sie sei vollkommen unschuldig, erklärte sie vor dem Amtsgericht Starnberg. Eine Freundin habe ihr die Fahrkarte geschenkt. Die Ausradierung sei ihr nicht aufgefallen. Die Freundin heiße Isolde, Inge oder Ingrid, jedenfalls etwas mit I. Einen Nachnamen könne sie nicht nennen, ebenfalls keine Adresse oder Telefonnummer. Die Freundin würde immer sie anrufen, um sich zu verabreden.

»Das ist ganz ersichtlich eine erfundene Geschichte«, stellte die Richterin fest. Sie hielt die Geschichte von der Phantomfreundin für eine unglaubwürdige Schutzbehauptung und verurteilte die Schwarzfahrerin zu einer Geldstrafe von 40 Tagessätzen zu je 20 Euro.

»Merkur« vom 11.07.2014

ERFOLGREICHE AUSREDE: DER WUNDERHEILER

Der »Wunderheiler« warb in Anzeigen damit, mittels seiner »geistigen Kräfte« Menschen von Beschwerden wie Krebs, Demenz, Körpervergiftung, Hepatitis, Aids etc. heilen zu können. Er »behandelte« in 58 Fällen kranke Personen durch Pendeln, Handauflegen und Fernheilung. Eine Heilung erzielte er überwiegend nicht. Seine »Behandlungen« ließ er sich jeweils mit 60 bis 1000 Euro bezahlen. Eine Heilpraktikerzulassung hatte er nicht. Der »Wunderheiler« wurde unter anderem wegen Betrugs angeklagt. Er verteidigte sich damit, er würde tatsächlich über »geistige Kräfte« verfügen, mit denen er Menschen heilen könne. Das Amtsgericht sprach den Angeklagten vom Vorwurf des Betrugs frei. In seiner Sicht fehlte für einen Betrug bereits die erforderliche Täuschungshandlung über Tatsachen. Der Angeklagte gab gegenüber seinen Patienten nämlich gerade nicht an, Arzt oder zugelassener Heilpraktiker zu sein, sodass diesbezüglich bereits eine Täuschung über Tatsachen ausschied. Eine Täuschung lag auch nicht darin, dass der Angeklagte damit warb, Krankheiten mittels seiner »geistigen Kräfte« heilen zu können. Insoweit fehlte es in den Augen des Gerichts am Täuschungsvorsatz: Der Angeklagte glaubte an seine entsprechenden übersinnlichen Fähigkeiten.
Merke: Man kommt vor Gericht auch mit ziemlichem Unsinn durch, vorausgesetzt, man glaubt selbst fest daran.

Amtsgericht Gießen, Urteil vom 12. 06. 2014
–507 Cs 402 Js 6823/11

Ausreden, die Sie nicht benutzen sollten, wenn Sie wegen Betrugs oder Schwarzfahrens angeklagt sind

- »Was kann ich dafür, wenn die Oma mich für ihren Enkel hält?«
- »Das ganze Leben ist bescheißen und beschissen werden.«
- »Betrug ist legal. Schauen Sie den Staat oder die Banken an.«
- »Ich habe niemanden getäuscht. Ich habe nur die Wahrheit optimiert.«
- »Ich sehe mir immer die TV-Serie ›Betrugsfälle‹ an und wollte es einfach mal ausprobieren.«
- »Eine Haltestelle ist doch umsonst, oder?«
- »Ich wollte die Bahn nur besichtigen. Plötzlich gingen die Türen zu und der Zug ist losgefahren.«
- »Mir wurde mein Fahrschein geklaut. Aber statt des Diebs werden hier ehrliche Fahrgäste vor Gericht gestellt.«

6

Intergalaktische Kampfsatelliten
Fälle aus dem Waffenrecht

»Freie Waffen für freie Bürger«, denken viele und kommen deshalb schnell mit dem Gesetz in Konflikt. Da das Waffengesetz erstaunlich hohe Strafen vorsieht, braucht es eine wirklich gute Ausrede, warum das heimische Waffenlager eigentlich ganz in Ordnung ist. Die Kandidaten dieses Kapitels hatten sie nicht.

Waffenschein überflüssig

Wegen einer Schlägerei mit mindestens zehn Beteiligten wurde die Polizei gerufen. Der Angeklagte trug eine Schreckschusspistole der Marke »Reck« mit sich. Das Führen der Pistole ist nur bei Besitz des kleinen Waffenscheins erlaubt, den er nicht hatte. Er wurde wegen Verstoßes gegen das Waffengesetz angeklagt.

Er habe nicht gewusst, dass er einen Waffenschein benötige, verteidigte der Angeklagte sich. Beim Kauf der Pistole sei ihm gesagt worden, er dürfe sie ohne Weiteres mit sich führen.

Das glaubte das Landgericht nicht: »Soweit der Angeklagte angegeben hat, er sei davon ausgegangen, dass er zum Führen der Waffe berechtigt sei, nimmt ihm dies die Kammer nicht ab. Er hat weder konkret sagen können, wann und wo er die Waffe erworben hat, noch wer ihm diese Information gegeben haben soll. In seiner polizeilichen Vernehmung hatte der Angeklagte noch erklärt, die Waffe vor vier oder fünf Jahren in einem Waffengeschäft gekauft zu haben, im Termin zur Berufungshauptverhandlung hat er dagegen angegeben, die Waffe vor etwa sieben Jahren von einer Privatperson erworben zu haben. Auf den Vorhalt seiner polizeilichen Vernehmung hat er erklärt, er wisse nicht mehr, wann und von wem die Waffe stamme. Auch könne er nicht mehr sagen, von wem die Information stamme, dass er zum Führen der Waffe ohne Waffenschein berechtigt sei. Hätte er tatsächlich die Information erhalten, die Waffe ohne Weiteres führen zu dürfen, hätte er auch konkrete Angaben zu deren Erwerb machen können. Sein ausweichendes Einlassungsverhalten spricht dafür, dass ihm durchaus die Erlaubnispflicht bekannt war.«

Der Angeklagte wurde zu einer Geldstrafe von 15 Tagessätzen zu je 15 Euro verurteilt.

Landgericht Dortmund, Urteil vom 06. 09. 2012
–38 Ns – 103 Js 785/11–72/12

Rüstungsexport ist wie Fremdgehen

Der Export von Rüstungsgütern und Produkten zu deren Herstellung unterliegt der Genehmigungspflicht nach dem Außenwirtschaftsgesetz. Der Iran steht ganz oben auf der Liste derjenigen Länder, in die keine deutschen Rüstungsgüter geliefert werden dürfen.

Der Angeklagte hatte sich nichtsdestotrotz auf die Lieferung von Waren zur Herstellung von Rüstungsgütern in den Iran spezialisiert. Eine Genehmigung der Exporte beantragte er nicht. Stattdessen ging er konspirativ vor: Er verwendete Aliasnamen, gründete Tarnfirmen und gab als Empfängerland der Exporte die unverdächtige Schweiz an. Aber seine ungenehmigten Exporte in den Iran wurden entdeckt und er wurde wegen Verstoß gegen das Außenwirtschaftsgesetz angeklagt.

Der Angeklagte verteidigte sich damit, er habe nicht gewusst, dass seine Exporte genehmigungspflichtig seien. Durch sein konspiratives Vorgehen habe er nur Steuern sparen wollen.

Eine dreiste Ausrede, stellte der Bundesgerichtshof nach Anhören eines mitgeschnittenen Telefonats fest. Der Angeklagte zeigte sich darin gegenüber seinem iranischen Gesprächspartner verstimmt darüber, dass dessen deutscher Handelspartner offenbar erfolglos versucht hatte, eine Ausfuhrgenehmigung zu erhalten, und erklärte: »Mit Ihrer Vorgehensweise versperren Sie die Wege. Diese Geschäfte gehen mit Gottes Eingebung, man kann nicht wissen, ob sie klappen oder nicht. Ich gehe diesen Weg auf eigenes Risiko. Man darf nicht von Anfang an nach der Erlaubnis fragen. Ich vergleiche diese Geschäfte folgendermaßen: Wenn man fremdgehen will oder etwas Ähnliches vorhat, darf man seine Frau nicht nach Erlaubnis fragen, weil sie nie ihre Einwilligung geben wird. Diese Geschäfte sind genauso, man darf nicht nach Erlaubnis fragen.«

Der Bundesgerichtshof verwies die Angelegenheit zurück ans Landgericht München.

Bundesgerichtshof, Beschluss
vom 19.01.2010 – StB 27/09

Kleiner Böller mit großer Wirkung

Der Angeklagte ist ein fanatischer Fan des Drittliga-Vereins SC Preußen Münster. Bei einem Spiel gegen den VfL Osnabrück warf er einen »Polenböller« Typ Delova Rana 75 mm in Richtung der Osnabrücker Fans. Der Böller erreichte den gegnerischen Fanblock jedoch nicht, sondern landete vor dem Ausgang des ehemaligen Spielertunnels, wo sich überwiegend Polizisten aufhielten. Durch die ohrenbetäubende Detonation wurden 33 Personen verletzt. Die meisten erlitten ein Knalltrauma mit dauerhaftem Tinnitus, einige zusätzlich Fleischwunden.

Der Angeklagte wurde durch Aufnahmen der Stadionkameras als Werfer des Sprengkörpers identifiziert. Vor Gericht räumte er ein, den Böller geworfen zu haben. Dieser sei ihm vor dem Stadion von einem anderen Fan zugesteckt worden, woraufhin er ihn im Schritt seiner Hose ins Stadion geschmuggelt habe. Er habe nicht damit gerechnet, dass ein solch kleiner Böller eine derart starke Explosion verursachen und so viele Menschen verletzen würde.

Das Landgericht ließ die Ausrede nach Anhörung eines Sachverständigen nicht gelten. Bei dem Delova Rana 75 mm handele es sich um den größten auf dem illegalen Markt erhältlichen Böller, der überhaupt bekannt sei. Gerade solche XXL-Böller erfreuen sich unter Ultra-Fußballfans großer Beliebtheit. Das Landgericht verurteilte den Böllerwerfer wegen vorsätzlichen Herbeiführens einer Sprengstoffexplosion in Tateinheit mit gefährlicher Körperverletzung zu einer Freiheitsstrafe von fünf Jahren.

Landgericht Osnabrück, Urteil
vom 23. 03. 2012–10 KLs 37/11

Totschläger als Sexspielzeug

Bei einer Durchsuchung wurde ein Totschläger in der Wohnung des Angeklagten sichergestellt. Dessen Besitz ist nach dem Waffengesetz verboten.

Der Totschläger sei keine Waffe, verteidigte der Angeklagte sich. Es handele sich um ein von ihm und seiner Ehefrau genutztes Sexspielzeug. Er sei ausschließlich zur Befriedigung seiner Frau gedacht.

Das konnten sich die Richter vom Bundesgerichtshof beim besten Willen nicht vorstellen. Die Überzeugungskraft dieser Ausrede wurde zudem dadurch geschmälert, dass der Totschläger nicht die einzige Waffe war, die in der Wohnung des Angeklagten gefunden wurde. Es wurden auch halbautomatische Kurzwaffen, Munition und Sprengstoff sichergestellt. Der Mann wurde zu einem Jahr Freiheitsstrafe auf Bewährung verurteilt.*

Bundesgerichtshof, Beschluss
vom 04. 02. 2015–2 StR 414/14

Intergalaktische Kampfsatelliten

Trotz bestehenden Waffenverbots sammelte ein Österreicher zwölf Gewehre, 3000 Schuss Munition und Messer. Er wurde wegen Verstoßes gegen das Waffenverbot angeklagt.

Die Waffen brauche er, um sich gegen die Bedrohung durch »intergalaktische Kampfsatelliten« zu verteidigen, erklärte er. Deshalb müsse er sich und alle in seinem Umfeld damit ausrüsten. Einen Lebensmittelvorrat habe er für den Angriffsfall auch schon angelegt.

Ein Gerichtspsychiater kam erstaunlicherweise zu dem Ergebnis, dass der Angeklagte zurechnungsfähig sei. Er wurde vom Grazer Straflandesgericht zu einem Jahr auf Bewährung verurteilt.

»Kronen Zeitung« vom 19. 11. 2015

* Wie man mit einem Totschläger eine Frau sexuell stimulieren kann, hat der Angeklagte leider nicht erklärt.

SS-Totenkopf

Eine 45-köpfige Motorradgang fuhr nachts durch Berlin und zog die Aufmerksamkeit der Polizei auf sich. Auf dem Kapuzenshirt eines Bikers war ein SS-Totenkopf aufgedruckt. Dieser war als Kennzeichen einer ehemaligen nationalsozialistischen Organisation verboten. Der Angeklagte behauptete, er habe nicht gewusst, dass es sich bei dem Totenkopf um das Kennzeichen der ehemaligen Waffen-SS handele.

Das Amtsgericht kaufte ihm das nicht ab. Gegen die Unwissenheit des Angeklagten sprach, dass das beschlagnahmte Kapuzenshirt auf der Brustseite ein stilisiertes eisernes Kreuz mit der Aufschrift »Ehre, Gremium, Treue« aufwies. Die Worte »Ehre« und »Treue« in Runenschrift wiesen eine deutliche Nähe zum Leitspruch der SS, »Unsere Ehre heißt Treue«, auf. Die gesamte Aufmachung des Kapuzenshirts deutete für das Gericht zweifellos auf rechtslastiges Gedankengut hin.

Der Angeklagte wurde zu einer Geldstrafe von 750 Euro verurteilt.

Amtsgericht Tiergarten, Urteil
vom 21. 07. 2008–242 Ds 81 Js 1517/08 (58/08)

Pistole im Handschuhfach

Der Kläger besaß als Jäger einen Waffenschein. Bei einer Polizeikontrolle wurde eine geladene Pistole im Handschuhfach seines Wagens gefunden. Das Mitsichführen einer schussbereiten Waffe ist außerhalb der Jagdausübung allerdings verboten. Das Landratsamt widerrief deshalb seine Waffenbesitzkarte. Dagegen klagte er.

Zur Begründung brachte er vor, er sei er auf dem Weg von

seiner Wohnung zum Jagdrevier gewesen, als die Kontrolle stattfand. Er sei der Annahme gewesen, als Inhaber eines Jagdscheins auf dem Weg zum Jagdrevier zum Führen der Waffe berechtigt gewesen zu sein. Zukünftig werde er mit seinen Waffen sachgemäß umgehen.

Der Bayerische Verwaltungsgerichtshof glaubte der Behauptung, der Kläger sei auf dem Weg zum Jagdrevier gewesen, nicht. Denn den kontrollierenden Polizeibeamten habe der Kläger erklärt, er führe diese Waffe immer im Auto geladen mit sich, um sich verteidigen zu können, und er sei dazu als Inhaber eines Jagdscheins berechtigt. Auch habe der Kläger keinerlei Jagdausrüstung mit sich geführt und keine jagdtypische Kleidung getragen. Bei der nachträglichen Angabe, er habe sich auf der Fahrt zur Jagdhütte befunden, handele es sich um eine typische Ausrede, mit der der Jäger nunmehr versuchen wolle, seine Waffenmitführung doch noch zu rechtfertigen.

Weiter hielt der Bayerische Verwaltungsgerichtshof fest: »Gegen die Glaubwürdigkeit der Behauptung des Antragstellers, dass er künftig mit seinen Waffen nur sachgemäß umgehen werde, spricht unter diesen Umständen entscheidend, dass er diese Ausrede ständig wiederholt und mit der dadurch gezeigten Neigung, Verstöße gegen waffenrechtliche Vorschriften zu vertuschen und zu verheimlichen, einen schwerwiegenden Charaktermangel erkennen und eine Wiederholung solchen gesetzwidrigen Tuns ernsthaft befürchten lässt.«

Die Waffenbesitzkarte blieb widerrufen.

Bayerischer Verwaltungsgerichtshof,
Beschluss vom 09.03.2006–21 CS 06.25

ERFOLGREICHE AUSREDE: DANEBENGESCHOSSEN

Ein Jäger nahm an einer Drückjagd auf Wildschweine teil. Durch sein Zielfernrohr sah er eine etwa 150 Meter entfernte Wildsau und drückte ab. Tatsächlich traf er einen Jagdteilnehmer, der verletzt wurde. Das Landratsamt sah seine Zuverlässigkeit nicht mehr gegeben und widerrief seine Waffenbesitzkarten. Dagegen stellte er einen Eilantrag beim Verwaltungsgericht.

Das Verwaltungsgericht meinte, der Jäger hätte zwar erst abdrücken dürfen, wenn er sich vergewissert hätte, dass niemand gefährdet werden würde. Aber es sei das erste Mal gewesen, dass der Jäger danebengeschossen habe. Ein Jagdunfall durch einen Fehlschuss müsse nicht die Unzuverlässigkeit begründen. Der Antragsteller bekam seine Waffenbesitzkarten wieder.

Die Faustregel für Jäger lautet demnach: »Der erste Schuss ist frei.« Einmal darf jeder ungestraft »danebenschießen«.

Verwaltungsgericht Sigmaringen,
Beschluss vom 25. 05. 2005–9 K 440/05

Ausreden, die Sie nicht benutzen sollten, wenn Sie wegen illegalen Waffenbesitzes angeklagt sind

- »In der Verfassung ist mein Recht auf Selbstverteidigung verbrieft. Jedenfalls in der amerikanischen.«
- »Während ich mit dem Hund Gassi war, muss jemand all diese Waffen an die Wand gehängt haben.«
- »Den Waffenschein mache ich nach, kein Problem.«
- »Das Gewehr an der Wand ist eine unbrauchbare Dekorationswaffe. Ich habe einen Kaugummi in den Lauf gesteckt.«
- »Die Uzi ist eine täuschend echt nachgemachte Spielzeugwaffe. Vom Original kaum zu unterscheiden. Sie verschießt sogar Neun-Millimeter-Patronen.«
- »Ich bin BND-Informant und brauche keinen Waffenschein.«
- »Ich brauche eine Pistole. Erwürgen dauert einfach zu lange.«
- »Der Abnehmer meiner Drogen hatte nicht genug Geld und hat mir den Revolver stattdessen gegeben.«

7

Im Tiefflug durch die Radarfalle
Raser

Fast jedem Autofahrer ist das schon mal passiert: Man hatte es eilig oder war in Gedanken, fuhr zu schnell, und schon blitzte es. Man ärgert sich über sich selbst, mehr aber noch über die Wegelagerer, die ihre Radarfallen trickreich am Straßenrand verstecken.

Die Folgen dieses kleinen Missgeschicks können gravierend sein. Es drohen Bußgelder, Punkte in Flensburg und unter Umständen sogar ein Fahrverbot. Da kann kaum ein Ertappter der Versuchung widerstehen, seinen Kopf aus der Schlinge zu ziehen.

Der Hase war schuld

Ein Autofahrer wurde mit 97 km/h (statt der erlaubten 70) geblitzt. Ein Hase sei unmittelbar vor seinem Auto quer über die Straße gelaufen und habe die Messung ausgelöst, rechtfertigte er sich. Eine faule Ausrede, befand das Amtsgericht Lüdinghausen. Denn auf dem Messfoto war kein Hase zu erkennen, obgleich das hätte der Fall sein müssen, wenn der Hase die Messung ausgelöst hätte. Zudem war auch auf der Gegenfahrbahn ein Fahrzeug erkennbar, weshalb der Hase eigentlich »unter die Räder« gekommen sein müsste. Hiervon hatte der Betroffene allerdings nichts berichtet.

Es sei noch angemerkt, dass sich Hasen nicht mit Geschwindigkeiten von nahezu 100 Sachen bewegen. Der gemeine Feldhase bringt es auf maximal 70 km/h und wäre damit innerhalb der zulässigen Höchstgeschwindigkeit geblieben. Der Raser hätte also zumindest versuchsweise ein Tier angeben müssen, das die gemessene Geschwindigkeit 97 km/h erreichen kann.

Amtsgericht Lüdinghausen,
Urteil vom 19. 01. 2009–19 OWi 170/08

Masken-Ausrede

Der Fernsehkoch Frank Rosin wurde in Gelsenkirchen in einer 30er-Zone mit 62 km/h geblitzt. Dafür sollte es eine Geldbuße von knapp 300 Euro sowie ein einmonatiges Fahrverbot geben.

Er sei nicht selbst gefahren, ließ er seinen Anwalt erklären. Den BMW würden vorwiegend Bekannte und Mitarbeiter nutzen. Fans hätten ihm zudem mehrere Fotomasken mit seinem Konterfei geschenkt, die er auf dem Rücksitz seines Wagens sammele. Der Anwalt präsentierte vor Gericht stolz eine solche Frank-Rosin-Maske. Es müsse also eine Person mit einer »täuschend echten« Frank-Rosin-Maske am Steuer des BMW gesessen haben.

»Das ist ja vielleicht eine schöne Geschichte. Aber soll das wirklich Ihr Ernst sein?«, fragte der Amtsgerichtsdirektor. »Man sieht doch ganz deutlich, dass Herr Rosin auf dem Blitzerfoto keine Maske trägt.«

Rosin nahm zähneknirschend seinen Einspruch gegen den Bußgeldbescheid zurück.*

www.ruhrnachrichten.de/staedte/dorsten/
Tempo-62-in-30er-Zone-Kein-Masken-Rosin-
–ahrverbot-fuer-TV-Koch;art914,2370510

---

* Eine Steigerung dieser Ausrede wäre: »Ich bin so prominent, dass es bereits Latexmasken von mir zu kaufen gibt.«

Harndrang einer Schwangeren

Die Geschwindigkeit auf der Autobahn war wegen einer Baustelle auf 60 km/h beschränkt. Eine im siebten Monat schwangere Frau wurde mit 127 km/h geblitzt. Sie rechtfertigte sich damit, sie habe aufgrund ihrer Schwangerschaft dringenden Harndrang gehabt. Zum Schutz ihres noch ungeborenen Kindes habe sie die Geschwindigkeit nicht eingehalten.

Das ist kein rechtfertigender Notstand, befand jedoch das Amtsgericht Bad Segeberg. Die Schwangere hätte sich anders als durch schnelles Fahren helfen können, zum Beispiel durch Anhalten auf dem Seitenstreifen.*

Amtsgericht Bad Segeberg, Urteil
vom 04. 05. 2012–5 OWi 181/11

Durchfall

Eine Frau versuchte ihre Geschwindigkeitsüberschreitung mit plötzlichem Durchfall zu erklären. Das Oberlandesgericht Düsseldorf ließ diese Ausrede nicht gelten. Die Betroffene hätte auf dem Seitenstreifen anhalten und dort ihre Notdurft verrichten können. Außerdem hatte die Überschreitung der zulässigen Höchstgeschwindigkeit keinen nennenswerten Zeitgewinn erbracht.

Oberlandesgericht Düsseldorf, Beschluss
vom 06. 12. 2007 IV–5 Ss (OWi) 218/07

---

* Wäre es so, dass schwangere Frauen in den letzten Wochen vor der Entbindung einen derartigen Harndrang haben, dass sie sich jedwede Geschwindigkeitsüberschreitung erlauben könnten, müsste man überlegen, schwangeren Frauen den Führerschein für diesen Zeitraum zu entziehen.

Erbrechen im Taxi

Ein Taxifahrer sammelte zwei sichtlich betrunkene Fahrgäste auf. Während der Fahrt über die Autobahn wurde der Frau schlecht. Der Taxifahrer trat aufs Gas, um die nächste Ausfahrt zu erreichen. Er wollte verhindern, dass die Frau sein Taxi durch Erbrechen verschmutzte. Er wurde mit 64 km/h zu viel geblitzt, was ein Bußgeld von 440 Euro und ein zweimonatiges Fahrverbot nach sich zog.

Die Sauberkeit des Taxis rechtfertige kein Rasen, urteilte das Oberlandesgericht Bamberg. Der Taxifahrer hätte in der Oktoberfestzeit mit betrunkenen Fahrgästen rechnen und Brechtüten mitführen müssen. Außerdem überwiege das Interesse des Taxifahrers an der Sauberkeit seines Taxis nicht das Interesse der Allgemeinheit an der Einhaltung der Verkehrsregeln.

Oberlandesgericht Bamberg, Beschluss
vom 04. 09. 2013–3 Ss OWi 1130/13

Wellensittich im Koma

Ein Autofahrer raste über die Autobahn und überschritt die zulässige Geschwindigkeit um 54 km/h. Er wurde geblitzt. Im anschließenden Verfahren meinte er, die Überschreitung sei gerechtfertigt gewesen, weil er eine Frau mit ihrem im Koma liegenden Wellensittich möglichst schnell zu einem Tierarzt habe fahren wollen.

Mit dieser Äußerung hatte er jedoch keinen Erfolg. Die Geschwindigkeitsüberschreitung war zur Rettung des Wellensittichs nicht gerechtfertigt. Es bestand eine Gefahr für Leib und Leben von Menschen, sodass demgegenüber die Rettung des

Wellensittichs zurücktreten musste. Es wurde eine Geldbuße von 450 DM. (ca. 225 Euro) verhängt.

Oberlandesgericht Düsseldorf, Beschluss
vom 18.04.1990–2 Ss (OWi) 97/90 – (OWi) 30/90 II

Entlaufener Schimpanse

Ein bissiges Schimpansenweibchen war aus einem Privatzoo ausgebrochen. Sein Pfleger machte sich auf den Weg, um es einzufangen. 70 Kilometer vom Privatzoo entfernt wurde er mit 85 km/h zu viel auf dem Tacho geblitzt.

Es gab keinen rechtfertigenden Notstand, befand das Oberlandesgericht des Landes Sachsen-Anhalt. Denn dem Pfleger war es bei einer Entfernung von 70 Kilometern selbst bei deutlich überhöhter Geschwindigkeit unmöglich, den Zoo innerhalb kurzer Zeit zu erreichen und das entlaufene Schimpansenweibchen einzufangen. Er hätte schon aufgrund der Entfernung nicht schneller Hilfe leisten können als etwa ein Tierarzt, die Polizei oder die Feuerwehr.

Oberlandesgericht des Landes Sachsen-Anhalt,
Beschluss vom 09.09.1999–1 Ss (B) 171/99

Rasende Mutter

Kranke Kinder werden häufig als Rechtfertigung für Geschwindigkeitsüberschreitungen herangezogen. Oft allerdings erfolglos, wie dieser Fall zeigt. Die Betroffene wurde innerorts mit 87 km/h geblitzt. Sie habe ihren sechs Monate alten Säugling wegen Verdachts einer Hirnhautentzündung möglichst schnell ins Krankenhaus bringen wollen und nicht mehr auf die Einhaltung der Geschwindigkeit geachtet. Dabei zog sie die anthroposophisch geführte F.-Klinik der näher gelegenen H.-Klinik vor.

Die Geschwindigkeitsüberschreitung war nicht durch einen rechtfertigenden Notstand gerechtfertigt, entschied das Amtsgericht. Denn dieser setzt voraus, dass eine gegenwärtige Gefahr nicht anders abwendbar ist. Hier sei die Gefahr jedoch durchaus anders abwendbar gewesen, nämlich dadurch, das Kind in die nächstliegende Klinik nach H. zu bringen. Die Mutter wurde zu einer Geldbuße von 220 DM. (ca. 110 Euro) verurteilt.*

Amtsgericht Schwäbisch-Hall, Beschluss vom
22.01.1997–7 OWi 42 Js 43134/96

---

* Anders ausgedrückt: Wenn noch Zeit genug war, die weiter entfernte Wunschklinik aufzusuchen, kann es so dramatisch nicht gewesen sein.

ERFOLGREICHE AUSREDE: FLUCHT VOR DER PANZERFAUST

Ein ziviles Polizeifahrzeug mit eingebauter Videokamera folgte dem Raser auf der BAB 12 in Fahrtrichtung Frankfurt/Oder. Die Messung durch Nachfahren ergab eine Geschwindigkeitsüberschreitung um mehr als 100 km/h. Es drohten drei Monate Fahrverbot und ein paar Hundert Euro Geldbuße.

Überwiegend osteuropäische Fahrzeuge mit düsteren Typen seien auf der Autobahn unterwegs gewesen, erzählte der Betroffene dem Amtsrichter. Plötzlich habe er im Rückspiegel einen schnellen BMW gesehen, in dem ein Mann gesessen habe, der eine Panzerfaust auf der Schulter gehabt und auf ihn gezielt habe. In Todesangst habe er daraufhin das Gaspedal durchgetreten, um zu entkommen.
Der Amtsrichter wusste als ehemaliger Soldat, dass man eine Panzerfaust nicht aus geschlossenen Fahrzeugen abschießen sollte. Allerdings klang der Betroffene glaubwürdig.
Aufklärung brachte die Vernehmung des Messbeamten. Im Polizeifahrzeug hatte sich nämlich noch ein Fernsehteam befunden. Der Kameramann saß auf der Rückbank in der Mitte und hatte eine große Kamera auf der Schulter. Ein Gutachter stellte die Szene nach.
Der Richter glaubte dem Betroffenen schließlich seine »Flucht vor der Panzerfaust« und stellte das Bußgeldverfahren ein.
Das Erfolgsrezept bestand darin, einen glaubwürdigen Grund für die »Flucht« vor dem Messfahrzeug zu liefern. Schauen Sie also fortan scharf in den Rückspiegel. Sehen die sonnenbebrillten und unrasierten Typen im BMW nicht aus wie von der Mafia? Da treten Sie besser das Gaspedal durch, bevor aus dem Seitenfenster höchstwahrscheinlich mit einer Maschinenpistole auf Sie geschossen wird.

www.krautz.de/bussgeld/
mit-der-panzerfaust-gegen-raser

Ausreden, die Sie nicht benutzen sollten, wenn Sie wegen einer Geschwindigkeitsüberschreitung vor Gericht stehen

- »Da habt ihr euch mit Photoshop aber viel Mühe gegeben.«
- »Ein tief fliegendes Flugzeug hat die Messung ausgelöst.«
- »Die Verkehrsschilder waren unbeleuchtet.«
- »Meine Grafikkarte ist zu langsam, sodass sie das Schild nicht laden konnte.«
- »Seit ich den Kilometerstand manipuliert habe, hat der Tacho eine Macke.«
- »Ein Marder hat die Bremsschläuche durchgebissen. Deshalb konnte ich nicht aufs Tempolimit abbremsen.«
- »Es ist unmöglich, dass ich zu schnell gefahren bin. Ich war sturzbetrunken, und dann fahre ich immer ganz langsam.«
- »Das war mein unehelicher Zwillingsbruder. Von dem bekomme ich ständig Radarfotos.«
- »Ich bin ein Promi und musste einem Paparazzo entkommen.«

8

»Ich musste fahren. Ich war zu betrunken, um zu Fuß zu gehen«

Alkohol im Straßenverkehr

Alkohol ist die »Gute-Laune-Flüssigkeit«, die für viele das Leben erst erträglich macht. Doch die Rennleitung erkennt eine Fahne auf mehrere Hundert Meter. Es folgt meist eine unfreiwillige Blutspende und bei Höchstwerten die Einkassierung des Führerscheins. Spätestens wenn die Ladung zum Gerichtstermin ins Haus flattert, muss eine Ausrede her, um der Bestrafung zu entgehen.

Mon Chéri

Die 56-jährige Frau war der Autobahnpolizei aufgefallen, weil sie sehr weit rechts fuhr. Nach dem Stoppen der Autofahrerin bemerkten die Polizisten Alkoholgeruch im Auto. Der Atemalkoholtest ergab 1,4 Promille. Die Dame musste mit zur Blutentnahme auf die Polizeidienststelle und wurde wegen Trunkenheit im Verkehr angezeigt.

Nein, sie habe keinen Alkohol getrunken, erklärte sie. Sie habe nur zwei Mon Chéri, also mit geringer Menge Weinbrand gefüllte Pralinen, gegessen.

Das war allerdings eine schlechte Ausrede. Denn nach einer Studie in der Zeitschrift »Blutalkohol« (Ausgabe 6/2000) enthält eine Mon-Chéri-Praline gerade einmal 1,5 Milliliter Füllflüssigkeit mit 15,7 Volumenprozent, das entspricht 0,19 Gramm Alkohol. Um auf die gemessenen 1,4 Promille zu kommen, hätte die Frau nicht zwei, sondern 333 Mon Chéri essen müssen.*

www.mainpost.de/regional/wuerzburg/Betrunkene-Autofahrerin-mit-schlechter-Ausrede;art735,5841536

Innerorts Katze, außerorts Fuchs

Ein 20-jähriger Mann hatte auf einem Volksfest viel Bier getrunken und wollte anschließend mit dem Auto nach Hause fahren. In einer Kurve geriet er auf die Gegenfahrbahn, wo die Fahrerin eines entgegenkommenden Autos nur mit einer Vollbremsung den Frontalzusammenstoß verhindern konnte. Der junge Mann wich aus und landete in einem Gartenzaun. Er hatte 1,15 Promille Alkohol im Blut.

Nein, der Unfall habe nichts mit Alkohol zu tun, versuchte der Angeklagte sich herauszureden. Er habe einer Katze ausweichen müssen.

Der Richter glaubte die Geschichte nicht. »Ich kenne die Katze. Sie tritt ab 0,8 Promille innerorts als Katze und außerorts als Fuchs auf«, erwiderte er. Dem Angeklagten wurde wegen Trunkenheit im Verkehr eine richterliche Verwarnung erteilt. Er musste 64 Stunden soziale Dienste ableisten, an einem großen Verkehrskurs teilnehmen und durfte weitere vier Monate nicht Auto fahren. Zudem musste er an einer Alkoholberatung teilnehmen.

www.merkur.de/lokales/schongau/landkreis/weilheim-keiner-glaubt-maerchen-katze-2761725.html

---

* Dann hätte sie tatsächlich nicht mehr fahren können – weniger wegen des Alkohols, sondern weil ihr von der vielen Schokolade schlecht geworden wäre.

»Mein Körper braut Alkohol«

Ein 55-jähriger Frührentner fiel auf, weil er mit dem Handy am Ohr um das Regensburger Polizeipräsidium kurvte. Eine Polizistin stoppte ihn und roch seine Schnapsfahne. Die Blutprobe ergab 1,26 Promille.

Der Angeklagte behauptete, Alkohol wegen schwerer Leberzirrhose zu meiden. Lediglich fünf Schokoeier mit Schnapsfüllung habe er zuvor gegessen. Er leide an einer seltenen Krankheit, dem sogenannten »Eigenbrauer-Syndrom«: Seine Darmpilze würden eine Potenzierung des Alkohols bewirken. Aus den fünf Schokoeiern seien dadurch unvorhersehbar 1,26 Promille geworden. Diese phänomenale Steigerung sei ihm nicht anzulasten.

»Völlig paradox«, stellte der zu Rate gezogene Internist Dr. Adjan fest und schloss eine solche körpereigene Steigerung aus. Zwar könne es bei heftigem Pilzwachstum zu einer alkoholischen Gärung kommen, dabei entstünden aber keine messbaren Alkoholspiegel. Die 1,26 Promille ließen sich vielmehr mit fünf Bier à 0,5 Liter oder einem Viertelliter 40-Prozentigem erklären.

Das Amtsgericht Regensburg verurteilte den Angeklagten wegen Trunkenheit im Verkehr zu einer Geldstrafe von 2400 Euro und zog den Führerschein ein.

»Passauer Neue Presse« vom 21. 01. 2006

Desinfektionsmittel

Der Angeklagte hatte zu Hause Wein getrunken, als er wegen eines Harnverhalts Schmerzen bekam. Die volle Harnblase kann dann nicht entleert werden. Er wollte deshalb mit dem Auto ins Krankenhaus fahren.

Die Polizei hielt ihn wegen überhöhter Geschwindigkeit an. Nachdem der Angeklagte ausgestiegen war, fiel den Polizisten an ihm Alkoholgeruch und ein unsicherer Gang auf. Sie begleiteten ihn ins Krankenhaus. Dort wurde der Harnverhalt durch Legung eines Katheters behandelt und zugleich eine Blutprobe genommen.

Dem Angeklagten war es ein Rätsel, wie die Blutprobe zu einem Ergebnis von 1,11 Promille kommen konnte. An den paar Schlucken Wein könne es nicht gelegen haben. Nein, die Blutprobe müsse durch das bei Legung des Katheters und der Blutentnahme verwendete Desinfektionsmittel, welches bekanntlich zu fast 100 Prozent aus Alkohol bestehe, verfälscht worden sein.

Das war eine Ausrede, wie die Vernehmung der behandelnden Ärztin ergab. Das bei der Legung des Blasenkatheters verwendete Desinfektionsmittel enthielt kein Ethanol – und nur der wird bei der Blutalkoholanalyse gemessen. Für die Blutentnahme war ein von der Polizei gestelltes Set verwendet worden, das ein nicht alkoholhaltiges Desinfektionsmittel enthielt. Der Promillewert beruhte ausschließlich auf dem vom Angeklagten genossenen Wein. Er wurde wegen Trunkenheit im Verkehr verurteilt.

Oberlandesgericht Koblenz, Urteil
vom 19.12.2007–1 Ss 339/07

Die Probefahrt

Der Nachtportier eines Hotels sah über die Außenkamera einen Pkw auf den Parkplatz fahren. Dabei fuhr der Pkw in sinnlos wirkenden Manövern über den Parkplatz, holperte über Bordsteine und fuhr am Ende rechtsseitig nur noch auf den Felgen. Dem

Portier fiel noch die skurrile Kleidung des Fahrers auf, bestehend aus Sonnenbrille, Anorak, Boxershorts und Pudelmütze. Er rief die Polizei, die den Angeklagten schlafend am Steuer seines Pkw antraf. Eine Atemalkoholmessung ergab 2,15 Promille.

Der Angeklagte behauptete, das Fahrzeug sei durch einen ihm nicht näher bekannten kaufwilligen »Polen« Probe gefahren worden. Nachdem dieser mit dem Fahrzeug nicht zurückgekommen sei, habe er sich zu Fuß auf die Suche begeben und sein Auto vor dem Hotel in beschädigtem Zustand wiedergefunden. Er habe sich sodann in das Fahrzeug gesetzt und darin vorhandenes Bier konsumiert. Alkoholisiert sei er selbstverständlich nicht gefahren.

Das Amtsgericht Zossen hielt diese Einlassung für nicht glaubhaft und für eine offensichtliche Schutzbehauptung, geboren aus der Hoffnung ihrer Unwiderleglichkeit. Ein solcher Vorgang widersprach jedweder Lebenserfahrung. Es erschien äußerst abwegig, sich zu Fuß auf die Suche nach einem entwendeten Auto zu begeben, anstatt zunächst die Polizei zu informieren – insbesondere sprach nichts dafür, dass sich ein entwendetes Auto in fußläufiger Entfernung wiederfinden lassen könnte. Ebenso lebensfremd erschien es, nach dem Auffinden des beschädigten Fahrzeuges wiederum nicht die Polizei zu informieren – was an der Rezeption des Hotels unschwer möglich gewesen wäre –, sondern sich in die Fahrgastzelle zu setzen und erst einmal Bier zu trinken. Unlogisch war in diesem Zusammenhang auch, weshalb der Angeklagte mitten in der Nacht eine Sonnenbrille trug, die bei der Suche nach seinem Fahrzeug eher hinderlich gewesen wäre. Und dass der Angeklagte ohne Schuhe und mit kurzen Boxershorts unterwegs war, sprach ebenfalls dagegen, dass der Angeklagte zu Fuß nach seinem Fahrzeug gesucht hatte.

Das Amtsgericht Zossen verurteilte den Angeklagten wegen

Trunkenheit im Verkehr zu einer Geldstrafe von 40 Tagessätzen zu je 25 Euro und entzog ihm die Fahrerlaubnis.

Amtsgericht Zossen, Urteil vom 01. 12. 2016
–10 Cs 11/16, 10 Cs 483 Js 32839/15 (11/16)

Nachtrunk-Alibi

Dies ist ein Klassiker unter den Ausreden – wenngleich meist aber ein erfolgloser: Ein 35-jähriger Mann verursachte einen Verkehrsunfall. Der Skoda des Unfallgegners erlitt einen erheblichen Sachschaden und sein eigenes Auto landete im Wassergraben.

Nein, er sei nicht betrunken Auto gefahren, gab der Fahrer an. Das letzte Bier habe er fast fünf Stunden vor dem Unfall getrunken, das sei längst herausgedieselt gewesen. Den hohen Promillewert in seinem Blut erklärte der Mann mit einem halben Liter Wodka, den er *nach* dem Crash getrunken habe. Denn nach dem Schreck habe er sich erst einmal einen genehmigen müssen.

Das Amtsgericht Staßfurt holte eine Begleitstoffanalyse ein. Damit lassen sich getränkespezifische Stoffe im Blut nachweisen. Die Analyse konnte den Konsum von Wodka kurz nach dem Unfall nicht bestätigen. Laut Analyse hatte der Angeklagte vielmehr einige Stunden vor dem Unfall Alkoholika wie Bier, Wein oder Weinbrand getrunken.

Der Angeklagte wurde zu einer Geldstrafe von 40 Tagessätzen zu je 15 Euro verurteilt. Zudem wurde eine Führerscheinsperre von acht Monaten verhängt.

»Mitteldeutsche Zeitung« vom 23. 06. 2016

Alkoholdämpfe eingeatmet

Ein Autofahrer wurde mit 1,19 Promille von der Polizei angehalten. Vor Gericht gab er zu Protokoll, er habe vor der Fahrt lediglich zwei Gläser Schnaps getrunken. Den ganzen Tag habe er aber Treppenstufen fluatiert, das heißt Wachse mit einem schnellflüchtigen Lösungsmittel auf Steintreppen aufgebracht. Dabei müsse er wohl Alkoholdämpfe eingeatmet haben.

Eine originelle Erklärung. Aber das Gericht ließ sich nicht täuschen. Die 1,19 Promille mussten in ganz wesentlichem Maße vom getrunkenen Alkohol herrühren. Laut gesicherter medizinischer Erfahrung können über die Atemwege maximal 0,2 Promille Blutalkoholkonzentration aufgebaut werden.

Oberlandesgericht Hamm, Beschluss
vom 06. 01. 1978–4 Ss OWi 1961/77

Gegenbeweis durch Fahrprobe

Der Angeklagte hatte 1,92 Promille Alkohol im Blut, als er erst links und dann rechts von der Fahrbahn abkam. Beim zweiten Abkommen erfasste er einen Fußgänger tödlich.

In der Hauptverhandlung berief sich der Angeklagte darauf, er trinke mit Rücksicht auf seinen Beruf als Brauereivertreter seit zehn Jahren täglich etwa 25 Glas Bier. Er sei deshalb an Alkohol gewöhnt und auch bei 1,92 Promille noch fahrtüchtig. Sein Verteidiger beantragte deshalb eine Belastungsprobe unter Hinzuziehung eines Fahrlehrers.

Eigentlich widerlegte die besagte Trunkenheitsfahrt bereits die Behauptung, der Profitrinker sei trotz 1,92 Promille noch zur sicheren Führung eines Kraftfahrzeugs fähig. Der Bundesgerichtshof hatte dagegen eine andere Begründung. Von einem Alkoholgehalt von 1,5 Promille an – das war der damalige Grenzwert – sei schlichtweg jeder Führer eines Kraftfahrzeugs, auch der an Alkohol gewöhnte, nicht mehr in der Lage, das Fahrzeug sicher zu führen. Gegenüber dieser wissenschaftlichen Erkenntnis sei eine nachträgliche Fahrprobe, durch die ein Fahrer beweisen will, dass er trotz jenes Alkoholgehalts fahrsicher sei, nicht beweiserheblich.

Der Angeklagte wurde schließlich wegen fahrlässiger Tötung verurteilt.

Bundesgerichtshof, Urteil
vom 11. 04. 1957–4 StR 486/56

Ausreden, die Sie nicht benutzen sollten, wenn Sie wegen Alkohols am Steuer angeklagt sind

- »Ich musste fahren. Ich war zu betrunken, um zu Fuß zu gehen.«
- »Ich fahre besser, wenn ich betrunken bin.«
- »Ich habe extra alkoholfreies Bier in der Kneipe bestellt, habe offenbar aber ein alkoholhaltiges erhalten.«
- »Ich war so betrunken, dass ich gar nicht gemerkt habe, dass mich jemand ans Steuer gesetzt hat.«
- »Ich wollte nur schnell nach Hause fahren, bevor ich noch betrunken einen Unfall baue.«
- »Ich bin Gehirnchirurg und war auf dem Weg zur Arbeit. Wie soll ich da betrunken sein?«
- »Ich habe nur drei Pils getrunken. Jemand muss mir Schnaps ins Bier gekippt haben.«
- »Ich fahre ständig blau, weil es wichtig ist, die Arbeitsplätze der Polizisten zu sichern.«

ERFOLGREICHE AUSREDE: DER HUSTENLÖSER

Der Betroffene wurde vom Amtsgericht wegen einer positiven Atemalkoholmessung zu einer Geldbuße von 250 Euro und einem Monat Fahrverbot verurteilt. Dagegen legte er Rechtsbeschwerde ein. Er erklärte, er habe lediglich ein Bier mit Cola in der Nacht getrunken. Er habe einige Minuten vor Beginn der Fahrt jedoch einen alkoholhaltigen Hustenlöser eingenommen, sodass nicht auszuschließen sei, dass dies das Messergebnis verfälscht habe, etwa dadurch, dass in Zahnfleischtaschen verbliebene Reste der Hustentropfen die Messung beeinträchtigt hätten. Die Frage, welches Präparat er als Hustenlöser genommen habe, konnte der Betroffene nicht beantworten. Das Oberlandesgericht Hamm fand diese originelle Ausrede überzeugend und hob das Urteil auf.
Merke: Falls Sie beim Blasen rekordverdächtige Werte erzielen, behaupten Sie am besten Folgendes, um straffrei davonzukommen: Sie haben aufgrund von Parodontose besonders tiefe Zahnfleischtaschen. In diesen ist fast ein Wintervorrat Hustenlöser verborgen. Gerade bei Atemmessungen werde dieser eruptionsartig freigesetzt – was die hohe Atemalkoholmenge zwanglos erklärt.

Oberlandesgericht Hamm, Beschluss
vom 16. 12. 2008–2 Ss OWi 890/08

9

Wenn Ampeln nur für andere gelten
Rotlichtverstöße

Ampeln sollten eigentlich nur für die anderen Verkehrsteilnehmer gelten. Es ist einfach lästig, bremsen und eine gefühlte Legislaturperiode vor der roten Ampel stehen zu müssen. Deshalb haben viele Autofahrer ihre persönliche Farbenlehre entwickelt, nach der auf das Gelblicht die Nuancen Dunkelgelb, Orange und Hellrot folgen. Erst dann kommt Rot und man muss wirklich anhalten. Die solchermaßen um mehrere Minuten verlängerte Grünphase wird von den Gerichten aber nicht akzeptiert, weshalb es einer Ausrede bedarf, um Geldbuße und Fahrverbot zu entgehen.

»Die Ampel ist Schwachsinn«

Ein Pizzafahrer hatte es eilig. Die schon seit mindestens fünf Sekunden rote Ampel ignorierte er. Ampeln zeigten in seinen Augen offenbar nur zwei Farben: Grün und Gelb. Vor Gericht behauptete der Rotlichtsünder, er habe noch bei Gelb durchfahren wollen.

Dies sei eine Schutzbehauptung, stellte der Richter fest. Denn zwei Polizisten sagten als Zeugen aus, sie hätten schon eine ganze Weile an der roten Ampel gestanden und sie waren erstaunt, dass der Betroffene einfach bei Rot durchfuhr. Nachdem sie ihn daraufhin verfolgt und angehalten hatten, gab der Mann Folgendes zu Protokoll: »Diese Ampel ist der größte Schwachsinn. Ich fahre hier immer bei Rot und werde dies auch weiterhin tun.«

Das Amtsgericht verurteilte den Pizzafahrer zu einem Bußgeld von 300 Euro und einem Fahrverbot von einem Monat.

Amtsgericht Zeitz, Urteil vom 04.08.2015
–13 OWi 713 Js 204952/15

Abgelenkt durchs Handy

Der Betroffene fuhr bei Rot über eine Ampel und wurde dabei geblitzt. Das Amtsgericht verhängte wegen des vorsätzlichen Rotlichtverstoßes eine Geldbuße von 300 DM. (ca. 150 Euro) und ein Fahrverbot von einem Monat.

Es sei nur eine leichte Unaufmerksamkeit gewesen, versuchte sich der Mann herauszureden. Er habe telefoniert und sei daher abgelenkt gewesen.

Das Oberlandesgericht Celle ließ die Ausrede nicht gelten. Denn das Benutzen von Mobiltelefonen am Steuer führe beinahe zwangsläufig zu Unaufmerksamkeit und damit zu Verkehrsverstößen. Wenn während einer Fahrt – noch dazu im Zentrum einer Großstadt mit dichtem Verkehr – telefoniert werde, liege ein derartiger Verkehrsverstoß nahe. Der Betroffene hatte sich in Augen des Gerichts aus Bedenkenlosigkeit oder Gleichgültigkeit mit einem möglichen Verkehrsverstoß abgefunden – und der geschah dann ja auch.

Oberlandesgericht Celle, Beschluss
vom 30.05.2001–333 Ss 38/01 (OWi)

Blindflug über die Ampel

Eine Frau fuhr über eine Ampel, die schon länger als eine Sekunde Rot zeigte. Auf der Kreuzung kam es zur Kollision mit dem Querverkehr.

Die Sonne habe direkt in die Ampel geschienen, verteidigte die Fahrerin sich. Sie habe nicht erkennen können, welche Farbe die Ampel gerade zeigte, sei aber davon ausgegangen, dass sie Grün habe.

Das Oberlandesgericht Hamm akzeptierte diese Ausrede für den Blindflug über die rote Ampel nicht. Er erklärte: »Nähert sich ein Kraftfahrer einer Ampel, auf deren Farbgläser Sonnenlicht direkt einfällt, so erweist sich die richtige Wahrnehmung der jeweiligen Farbphase häufig als schwierig. In einem solchen Fall muss deshalb der Kraftfahrzeugführer besondere Aufmerksamkeit und Vorsicht walten lassen. Unter diesen Umständen stellt es daher schon im Hinblick auf die möglichen besonders schwerwiegenden Folgen eines Rotlichtverstoßes eine auch subjektiv grobe Pflichtverletzung dar, wenn der Kraftfahrer ohne weitere Vorsichtsmaßnahmen – wie etwa die sorgfältige Beobachtung des Querverkehrs – in den Kreuzungsbereich einfährt.«

Die Betroffene wurde vom Gericht zu einer Geldbuße von 250 DM. (ca. 125 Euro) sowie einem Monat Fahrverbot verurteilt.

Oberlandesgericht Hamm, Beschluss
vom 11. 03. 1999–1 Ss OWi 203/99

Straßenglätte

Die Ampel schaltete auf Rot um, als sich der Betroffene etwa zehn Meter vor ihr befand. Er bremste nicht, sondern fuhr bei Rot durch.

Der Betroffene berief sich vor Gericht auf Straßenglätte. Er habe sein Auto nicht vor der Ampel anhalten können, weil es so glatt gewesen sei und er Angst hatte, beim Bremsen ins Rutschen zu geraten und etwas zu beschädigen.

Der Rotlichtverstoß war nicht gerechtfertigt, urteilte das Oberlandesgericht Düsseldorf. Denn bei Straßenglätte sei die Geschwindigkeit so weit herabzusetzen, dass innerhalb der Gelbphase noch angehalten werden könne. Nur dann komme der Kraftfahrzeugführer seiner Verpflichtung nach, seine Geschwindigkeit den Straßen- und Wetterverhältnissen anzupassen. Der Betroffene hätte bei einer geringeren Geschwindigkeit durchaus rechtzeitig anhalten können.

Oberlandesgericht Düsseldorf, Beschluss
vom 07. 11. 1991–5 Ss (OWi) 451/91 – (OWi) 180/91 I

Schreiende Kinder

Ein Familienvater hatte zunächst vor der Ampel angehalten. Dann fuhr er an und bei Rot über die Ampel. Auf der Kreuzung verursachte er damit einen Unfall. Die tobenden Kinder auf den Rücksitzen hätten ihn vom Fahren abgelenkt, versuchte er sich zu rechtfertigen.

Für das Oberlandesgericht Köln milderte die Ablenkung durch lärmende Kinder im Wagen den Rotlichtverstoß keineswegs. Das Fahrzeug war vor der Kreuzung an der Haltelinie zum Stillstand gekommen. Dem Vater stand genügend Zeit zur Verfügung, die Kinder zur Ordnung zu rufen und sich dann wieder auf die Ampel zu konzentrieren. Der Familienvater blieb auf seinem Schaden von 12 000 DM. (ca. 6000 Euro) sitzen.

Oberlandesgericht Köln, Urteil
vom 20. 02. 2001–9 U 173/00

Im Windschatten des Lkw

Ein Autofahrer huschte im Windschatten eines Lkw bei Rot über die Ampel. Er habe die rote Ampel nicht gesehen. Sie sei durch den vorausfahrenden Lkw verdeckt gewesen.

Das Oberlandesgericht Köln erteilte dieser Ausrede eine Abfuhr: Der Betroffene sei selbst dann nicht entlastet, wenn seine Sicht auf die Verkehrsampel durch den vorausfahrenden Lkw verdeckt gewesen wäre. Der Fahrzeugführer darf bei Annäherung an eine Ampel nämlich nicht so dicht auf den Vordermann auffahren, dass ihm durch diesen die Sicht auf die Ampel verdeckt ist, da dann ein zu spätes Erkennen des Rotlichts für ihn vorhersehbar ist.

Oberlandesgericht Köln, Beschluss
vom 12. 06. 1981–1 Ss 432/81 Z

Bei Ablenkung gilt Rot nicht

Eine Autofahrerin fuhr bei Rot in die Kreuzung ein. Dort kam es zur Kollision mit einem anderen Pkw. Die Vollkaskoversicherung wollte nicht zahlen, deshalb klagte die Rotlichtsünderin. Sie habe die Ampel nicht absichtlich überfahren – sie sei überfordert gewesen, weil sie aufgrund von Ortsfremdheit den Autobahnzubringer verpasst habe und ihre Tochter auf dem Beifahrersitz sie durch Hinweis auf den richtigen Weg abgelenkt habe. Außerdem habe die Ampel mitten in einem Schilderwald gestanden.

Das Amtsgericht wies die Klage ab, mit folgender Begründung: Die Beachtung einer roten Ampel zählt zu den elementarsten Grundregeln des Straßenverkehrs. Ein Zustand der Verwirrtheit oder der Überforderung verhindert nicht, dass ein Rotlichtverstoß eine grobe Fahrlässigkeit darstellt. Selbst von einem nur durchschnittlich sorgfältigen Kraftfahrer kann verlangt werden, sich einer Ampelkreuzung mit einem Mindestmaß an Konzentration zu nähern, das es ihm ermöglicht, die Verkehrssignalanlage wahrzunehmen, zu beachten und auf die jeweiligen Lichtzeichen adäquat zu reagieren. Er darf sich auch nicht von weniger wichtigen Eindrücken und Vorgängen ablenken lassen. Weder Ortsfremdheit noch ein sogenannter Schilderwald noch die Ablenkung durch Beifahrer dienen als Entschuldigung.

Amtsgericht Wetzlar, Urteil
vom 14. 07. 2005–39 C 1213/04

ERFOLGREICHE AUSREDE: FLUCHT VOR ANHALTEKELLE

Eine Autofahrerin stand vor einer Ampel und fuhr bei Rot los. Das Amtsgericht sah darin einen vorsätzlichen Rotlichtverstoß und verurteilte sie zu einer Geldbuße von 250 DM. (ca. 125 Euro). Hiergegen legte die Betroffene Rechtsbeschwerde ein.
Sie habe vor einer roten Ampel gestanden, gab die Frau zu Protokoll. Neben ihr habe ein Auto mit zwei Männern in

ziviler Kleidung gehalten, aus dem mit einer Polizeikelle gewinkt wurde. Von diesen habe sie sich bedroht gefühlt. Sie hatte Angst, dass die beiden Männer vorhatten, sie zu überfallen. Aus Angst vor ihnen sei sie angefahren und habe dabei bei Rot die Ampel passiert.
Das Oberlandesgericht Hamm sah darin einen Irrtum über einen Rechtfertigungstatbestand, der den Vorsatz entfallen lässt. Es milderte die Geldbuße von 250 DM auf 75 DM – also wirklich milde 38 Euro.

Oberlandesgericht Hamm, Beschluss
vom 1996–2 Ss OWi 640/96

Ausreden, die Sie nicht benutzen sollten, wenn Sie wegen eines Rotlichtverstoßes vor Gericht stehen

- »Ich dachte, dass man nach 30 Sekunden Rotphase drüberfahren darf, weil die Ampel dann als defekt gilt.«
- »Die Bremsen haben nicht reagiert. Die Bremsflüssigkeit ist ausgelaufen.«
- »Ich bin farbenblind.«
- »Mein Wagen beschleunigte unmittelbar vor der Ampel, ohne dass ich Gas gegeben habe.«
- »Für mich sah die Ampel wegen des optischen Doppler-Effekts grün aus.«
- »Haben Sie keine wichtigeren Fälle?«
- »Wenn ich gerade eine WhatsApp-Nachricht tippe, kann ich nicht auch noch auf die Ampel achten.«
- »Ich brauche den Nervenkitzel – zu sehen, ob ich es noch über die Kreuzung schaffe.«

10

»Es ist nicht das, wonach es aussieht«
Handy am Steuer

Millionenfach wird täglich auf Deutschlands Straßen telefoniert. Nur blöd, wenn die Polizei davon ein Erinnerungsfoto macht oder den Autofahrer mit der Faselfunke am Ohr anhält. Bußgeld und Punkte können dann nur noch mit einer guten Ausrede verhindert werden. Bloß sind die meisten Ausreden nicht gut.

Ablesen der Uhrzeit

Ein Mann schaute während der Fahrt auf das Display seines Mobiltelefons, das er in der Hand hatte. Ihm wurde ein Verstoß gegen das Handyverbot am Steuer vorgeworfen.

Er habe nicht telefoniert, sondern lediglich die Uhrzeit auf dem Display des Mobiltelefons abgelesen, hielt er dem entgegen. Nur dazu habe er es in die Hand genommen.

Das Oberlandesgericht Hamm akzeptierte die Ausrede nicht. Nach dem eindeutigen Wortlaut von § 23 Abs. 1a StVO ist dem Fahrzeugführer die Handynutzung untersagt, wenn er »hierfür das Mobiltelefon aufnimmt oder hält«. Ziel des Gesetzgebers war es, zu gewährleisten, »dass der Fahrzeugführer während der Benutzung des Mobil- oder Autotelefons beide Hände für die Bewältigung der Fahraufgabe frei hat. Davon erfasst wird auch das vorliegende Ablesen der Uhrzeit vom Display des Mobiltelefons, denn der Betroffenen hatte dafür das Handy aufgenommen und nicht beide Hände für die Bewältigung der Fahraufgabe frei. Soweit der Betroffenen das Ablesen der Uhrzeit vom Display des Mobiltelefons mit dem Ablesen der Uhrzeit von dem Ziffernblatt einer am Handgelenk getragenen Uhr gleichstellen will, ist dieser Vergleich nicht zutreffend. Von Letzterem gehen die beschriebenen Gefahren gerade nicht aus, da die Hände hierzu am Lenkrad verbleiben können.«

Der Betroffene wurde zu einer Geldbuße von 50 Euro verurteilt.

Oberlandesgericht Hamm, Beschluss
vom 06. 07. 2005–2 Ss OWi 177/05

Geldbörse geschüttelt

Eine Frau wurde bei einer Geschwindigkeitsüberschreitung geblitzt. Auf dem Foto war zusätzlich zu sehen, wie sie ein Mobiltelefon ans rechte Ohr hielt.

Nein, ließ die Betroffene ihre Verteidigerin erklären, was sie da in der Hand halte, sei kein Mobiltelefon, sondern eine Geldbörse. Sie habe sie ans Ohr gehalten und geschüttelt, um festzustellen, wie viel Kleingeld sich darin befinde.

Immerhin war das eine kreative Ausrede. Die Betroffene wollte sicher nur prüfen, ob sie genug Münzen für den Parkscheinautomaten hatte, um ein Falschparken zu vermeiden. Die Überzeugungskraft der Ausrede wurde jedoch dadurch gemindert, dass auf der Rückseite der angeblichen Geldbörse ein Kameraobjektiv und der Schriftzug »Sony« zu sehen waren. Die Betroffene wurde wegen des Handyverstoßes zu einer Geldbuße von 40 Euro verurteilt.

Amtsgericht Dessau-Roßlau, Urteil
vom 23. 06. 2011–13 OWi 169/11 (593 Js 5559/11)

»Ich habe nur diktiert«

Auf dem Blitzerfoto war zu sehen, wie der Betroffene ein Mobiltelefon des Fabrikats Motorola 525 ans rechte Ohr hielt und Sprechbewegungen machte.

Der Geschäftsmann gab an, während der Autofahrt lediglich etwas diktiert, nicht aber telefoniert zu haben.

Das Thüringer Oberlandesgericht akzeptierte die Diktier-Ausrede nicht. Eine mentale Überlastung und Ablenkung des Fahrers gehe nicht allein von der Benutzung des Handys als Telefon aus, sondern vielleicht in sogar noch stärkerem Maße von seiner Verwendung als Organizer, Internetzugang oder Diktiergerät. Insbesondere das Formulieren eines Diktats erfordere nach allgemeiner Lebenserfahrung wesentlich mehr Konzentration – und führe damit zwangsläufig zu einer stärkeren Ablenkung – als ein normales Telefongespräch. Der Betroffene wurde zu einer Geldbuße von 50 Euro verurteilt.*

Thüringer Oberlandesgericht, Beschluss
vom 31. 05. 2006–1 Ss 82/06

Rasieren am Steuer

Erstaunlich viele Männer rasieren sich angeblich auf dem Weg zur Arbeit hinterm Steuer. So auch in diesem Fall. Der Betroffene versuchte sich mit der Behauptung herauszureden, er habe nicht mit dem Handy telefoniert, sondern sich mit einem Akkurasierer,

* Ich diktiere selbst viel in meinem Beruf und habe mich als Amtsrichter in jedem dieser Fälle gewundert, warum das angebliche Diktiergerät auf allen Fotos ans Ohr gehalten wird. Ich selbst halte es zum Diktieren vor den Mund.

der wie ein Handy aussehe, rasiert. Das Amtsgericht glaubte das nicht und verurteilte den Betroffenen zu einer Geldbuße von 40 Euro. Dagegen legte er einen Antrag auf Zulassung der Rechtsbeschwerde ein.

Doch auch das Oberlandesgericht Hamm hielt den Akkurasierer für eine Schutzbehauptung und verwarf die Rechtsbeschwerde: »Gegen die Richtigkeit dieser Einlassung spricht schon, dass der Betroffene sie nicht sofort nach dem Anhalten gegenüber den Polizeibeamten geltend gemacht hat, sondern erst in der Hauptverhandlung beim Amtsgericht. Nichts hätte aber nähergelegen als der sofortige Hinweis auf den Akkurasierer, wenn er denn tatsächlich benutzt worden wäre. Auch die mit der Rechtsbeschwerdebegründung weiter mitgeteilte Einlassung, die sich bewegenden Lippen des Betroffenen seien darauf zurückzuführen, dass der Betroffene zur Musik des Radios gesungen habe, entbehren angesichts der Gesamtumstände eines ernsthaften Hintergrundes und stützen nur den vom Amtsgericht gezogenen Schluss.«

Oberlandesgericht Hamm, Beschluss
vom 22. 08. 2006–2 Ss OWi 528/06

Wärmeakku gegen Ohrenschmerzen

Ein Lkw-Fahrer wurde auf der Autobahn von der Polizei dabei beobachtet, wie er sich ein Mobiltelefon ans linke Ohr hielt. Der Betroffene erklärte, er habe sich nicht ein Mobiltelefon, sondern einen Wärmeakku ans Ohr gehalten. Er habe nämlich Ohrenschmerzen gehabt.

Diese Äußerung sah das Amtsgericht aufgrund der Beweisaufnahme widerlegt. Die als Zeugin gehörte Polizeibeamtin bekundete, dass sie, während sie an dem Lkw vorüberfuhr, eindeutig gesehen habe, dass es sich um ein Mobiltelefon gehandelt habe.

Vor dem Oberlandesgericht Hamm besserte der Betroffene seine Ausrede erfolglos nach: »Soweit mit der Rechtsbeschwerde nun geltend gemacht wird, der Betroffene habe sein Mobiltelefon ›benutzt, da er während der Fahrt plötzlich unter heftigen Ohrenschmerzen litt und diese durch die vom Akku ausstrahlende Wärme lindern wollte‹, ist zunächst anzumerken, dass dem Senat die Ernsthaftigkeit dieses Vortrags höchst fraglich erscheint. In dem Zusammenhang ist darauf hinzuweisen, dass der Betroffene sich beim Tatgericht dahin eingelassen hat, ›dass er sich nicht ein Mobiltelefon, sondern einen Wärmeakku an das linke Ohr gehalten‹ hat.«

Oberlandesgericht Hamm, Beschluss
vom 13. 09. 2007–2 S OWi 606/07

Handy als Kieferstütze

Der Autofahrer war mit dem Handy am Ohr erwischt worden. Vor Gericht verteidigte er sich damit, er habe das Handy lediglich als Kieferstütze genutzt. Sein Unterkiefer wackele hin und wieder, weshalb er das Mobiltelefon als Stütze benötige.

Der Richter stutzte, denn vor ihm saß kein klappriger Hochbetagter, sondern ein 36-Jähriger. Der Richter verurteilte ihn zu 40 Euro Geldbuße.

Amtsgericht Sondershausen,
Urteil vom 16. 10. 2006–475 Js 4671/06

Sex am Steuer ist auch nicht verboten – egal

Ausgerechnet ein Amtsrichter wollte den Handysündern helfen und dachte sich eine ganz neue Ausrede aus: Das Handyverbot sei verfassungswidrig, da es eine Ungleichbehandlung zu anderen, gleich gelagerten Sachverhalten darstelle. So gebe es beispielsweise keine ausdrücklichen Verbote folgender nicht minder gefährlicher Handlungen im Straßenverkehr:

- freihändig zu fahren,
- während eines Gesprächs mit einer einwilligungsfähigen Beifahrerin an dieser – mit ihrem Einverständnis – sexuelle Handlungen von einiger Erheblichkeit über oder unter ihrer Bekleidung vorzunehmen,
- selbstbefriedigende Handlungen vorzunehmen, soweit sie nicht nach den allgemeinen Strafgesetzen unter Strafe gestellt sind,
- als Armamputierter die Fahraufgaben ohne Prothese mit nur einer Hand zu erledigen und gleichzeitig mit Mitfahrern eine Unterhaltung zu führen,
- z. B. einen Bußgeldbescheid, eine Anklage oder ein Urteil auf einem Diktiergerät zu diktieren.

Doch es half nichts: Das Bundesverfassungsgericht kippte das Handyverbot nicht. Die Vorlage war bereits unzulässig, denn das höchste deutsche Gericht darf nur die Verfassungsmäßigkeit von Gesetzen prüfen. Ein solches ist die Straßenverkehrsordnung nicht.

Amtsgericht Gummersbach, Vorlagebeschluss
vom 08. 07. 2009–85 OWi 196/09

ERFOLGREICHE AUSREDE: VERWECHSELUNGSFÄHIGER IPOD

Ein Autofahrer wurde von der Polizei angehalten und hielt offensichtlich ein iPhone in der Hand. Vor Gericht verteidigte er sich damit, es habe sich um einen iPod gehandelt. Damit habe er nur etwas diktiert, keinesfalls telefoniert.
Der Richter konnte dies mithilfe der Zeugenaussage des Polizisten nicht widerlegen, denn iPod und iPhone haben ein weitgehend identisches Gehäuse. Der Betroffene hat also kein Mobiltelefon im Sinne des § 23 Abs. 1a StVO genutzt, denn darunter versteht man ein tragbares Telefon, das über Funk mit dem Telefonnetz kommuniziert und ortsunabhängig eingesetzt werden kann. Damit fallen Geräte wie der iPod, mit denen man, wenn überhaupt, dann nur über eine Internetverbindung telefonieren kann, nicht unter den Begriff des Mobiltelefons. Der Betroffene wurde freigesprochen.

Amtsgericht Waldbröl, Urteil vom 31. 10. 2014
–44 OWi–225 Js 1055/14–121/14

Ausreden, die Sie nicht benutzen sollten, wenn Sie wegen eines Handyverstoßes vor Gericht stehen

- »Das war kein Handy in meiner Hand, sondern ein Navigationsgerät.«
- »Ich habe nicht telefoniert. Ich wollte mit meiner Freundin Schluss machen und schon einmal das Gespräch üben.«
- »Ich wollte mich nur von Scotty hochbeamen lassen.«
- »Das Handy am Steuer lenkt mich nicht ab. Das mache ich schon zehn Jahre so und ich hatte noch nie einen Unfall.«
- »Das Handy war aus. Ich habe nur ein Selbstgespräch geführt.«
- »Ich wollte mit dem Handy nur einen möglichen Unfall filmen.«
- »Ich bin Berufstelefonierer, deshalb gilt das Handyverbot für mich nicht.«
- »Meine Freundin hat mir das Handy ans Ohr gehalten. Auf dem Foto ist nur ihre Hand zu sehen, weil sie sehr klein ist.«

11

»Abschleppen ist verboten«
Falschparker

Die Parkplatzsuche ist in Großstädten oft vergeblich. Notgedrungen wird das Auto also im Parkverbot abgestellt. Doch hinter der nächsten Hecke lauert schon die Knöllchen-Domina. Wenn der Fahrer wiederkommt, klebt ein Strafzettel hinterm Scheibenwischer oder das Auto wurde abgeschleppt. Bescheide mit hohen Geldforderungen folgen. Nur zu verständlich, dass der Parksünder versucht, mit einer Ausrede davonzukommen.

Stoßstange gegen Schienbein

Der Zeuge M. hielt eine Parklücke für seinen Freund frei, indem er sich hineinstellte. In genau diese Parklücke wollte jedoch ebenfalls der Angeklagte mit seinem Auto. Er hoffte, M. mache die Parklücke frei, wenn er langsam auf ihn zufuhr. Da der Zeuge dies nicht tat, stieß der Angeklagte mit der Stoßstange seines Pkw gegen das linke Schienbein des Zeugen. Dieser geriet dadurch aus dem Gleichgewicht und stürzte. Bei dem Sturz zog er sich eine Prellung unterhalb der Kniescheibe zu. Außerdem verletzte er sich am linken Ellenbogen und an der linken Hand. In seine Jacke wurde am Ellenbogen ein Loch gerissen.

Der Autofahrer wurde wegen Körperverletzung angeklagt. Er verteidigte sich damit, das Zufahren auf den Parkplatzblockierer sei durch Notwehr gerechtfertigt.

Der Angeklagte hatte die Grenzen der Notwehr überschritten,

urteilte hingegen das Gericht. Das Anfahren eines Fußgängers, um die Freigabe einer Parklücke zu erzwingen, ist keine angemessene Verteidigung. Der Angeklagte wurde wegen fahrlässiger Körperverletzung zu einer Geldstrafe von zehn Tagessätzen zu 50 DM. (ca. 25 Euro) verurteilt.

Bayerisches Oberstes Landesgericht,
Urteil vom 07. 02. 1995–2St RR 239/94

Behindertenparkplatz

Eine Mitarbeiterin des Augsburger Tiefbauamtes parkte auf einem Behindertenparkplatz, der natürlich durch ein entsprechendes Schild gekennzeichnet war. Die Polizei ließ das Auto wegen verbotswidrigen Parkens abschleppen. Gegen die Rechnung von 181 Euro klagte die Parksünderin.

Hierzu trug sie vor, sie sei davon ausgegangen, auf dem Parkplatz rechtmäßig zu stehen. Angesichts des Schilderwaldes in Augsburg sei es für den Autofahrer nicht mehr nachvollziehbar, was mit den Verkehrszeichen alles geregelt werden solle.

Das Verwaltungsgericht nahm der Tiefbauamtsmitarbeiterin ihre Verwirrung angesichts der hohen Schilderdichte nicht ab. Jedem Parkplatzsuchenden müsse sich bei einem Parkplatz, der mit dem Rollstuhlfahrersymbol ausgeschildert ist, nichts anderes als die Erkenntnis aufdrängen, dass es sich hierbei um einen Behindertenparkplatz handele.

Verwaltungsgericht Augsburg, Urteil
vom 14. 02. 2007 – Au 5 K 06.1082

Durchgefallene Münze

Der Autofahrer parkte an einem Parkautomaten. Er hatte nur ein einziges Fünfzigcentstück dabei, das der Automat mehrfach durchfallen ließ. Der Parkautomat war funktionstüchtig, er akzeptierte nur die möglicherweise abgenutzte Münze nicht. Daraufhin parkte der Mann ohne Parkschein und ging einkaufen. Prompt erhielt er einen Strafzettel über fünf Euro. Die Geldbuße war ihm nicht zu klein, um erst das Amtsgericht und dann das Oberlandesgericht deswegen anzurufen.

Auch beim Oberlandesgericht fand die Münzenausrede keine Gnade: »Der Betroffene ist gehalten, so viele Versuche mit verschiedenen Münzen zu tätigen, bis der Lauf der Parkuhr bzw. die Produktion des Parkscheins ausgelöst worden ist, soweit das Gerät – wie vorliegend klar festgestellt worden ist – grundsätzlich funktionsfähig ist. Derjenige, der nur nicht akzeptierte Münzen einwirft, steht demjenigen gleich, der keine Münze einwirft.«

Oberlandesgericht Hamm, Beschluss
vom 29.08.2005–3 Ss OWi 576/05

Autopanne

Ein Mann stellte sein Fahrzeug auf dem Bürgersteig ab, woraufhin eine Politesse den Abschleppwagen rief.

Vor Gericht verteidigte der Fahrer sein Gehwegparken damit, er habe eine Autopanne gehabt. Er habe sogar einen Zettel mit dem Wort »defekt« hinter die Scheibe gelegt. Eine Ausrede, denn die Politesse hatte keinen Zettel gesehen. Auch auf dem von ihr gemachten Beweisfoto ist kein Zettel erkennbar.

Aber auch ein tatsächlich existierender »Defekt«-Zettel hätte den Parksünder nicht gerettet. Denn ob das abgestellte Fahrzeug eine Behinderung verursacht, hängt nicht davon ab, ob es fahrtüchtig ist oder nicht. »Dementsprechend kann auch ein verkehrswidrig abgestelltes defektes Fahrzeug zur Gefahrenbeseitigung abgeschleppt werden«, stellte das Gericht fest. Der Gehwegparker musste die Abschleppkosten bezahlen.

Verwaltungsgericht Köln, Urteil
vom 21. 10. 2010–20 K 2817/10

»Nur ich werde aufgeschrieben«

Ein Autofahrer bekam zweimal hintereinander ein Knöllchen, weil er gegenüber einem Fleischerladen im Halteverbot gestanden hatte. Er verteidigte sich damit, die Praxis der Polizei verstoße gegen das Gleichheitsprinzip, weil an genau jenem Ort zu jeder Tages- und Nachtzeit häufig Fahrzeuge im Halteverbot stünden, ohne dass die Polizei einschreite. Für ihn habe sich daraus die Schlussfolgerung ergeben, die Polizei dulde dort das Abstellen im Halteverbot.

Das Oberlandesgericht Hamburg erteilte dem Parksünder eine Abfuhr. Es verstoße nicht gegen den Gleichheitsgrundsatz, wenn ein Autofahrer bestraft werde, obwohl andere Fahrer, die an der derselben Stelle falsch parken, nicht verfolgt würden. Denn die Polizei verfüge nicht über unbegrenzt viele Beamte, um wirklich alle Parkverstöße flächendeckend zu verfolgen.

Oberlandesgericht Hamburg, Urteil
vom 26. 01. 1966–1 Ss 68/65

»Komme sofort«

Dem Mann war sein Verstoß durchaus bewusst, als er sein Auto im Parkverbot vor einer Bordsteinabsenkung abstellte. Deshalb legte er einen Zettel hinter die Windschutzscheibe: »Bei Störung bitte anrufen, komme sofort.« Darunter stand seine Handynummer. Die diensthabende Politesse ließ sein Auto trotzdem abschleppen. Die Kosten dafür wollte der Falschparker nicht zahlen und klagte. Die Politesse hätte ihn anrufen und zum Wegfahren des Autos auffordern können. Er sei zu der Zeit im Haus gegenüber gewesen und wäre sofort gekommen.

Dieser oft gebrauchten Ausrede folgten die Richter nicht. Der Zettel sei zu unbestimmt. Ihm sei weder zu entnehmen gewesen, dass das Fahrzeug zeitnah umgesetzt werden konnte, noch, dass hierzu die ernstliche Bereitschaft bestand. »Komme sofort« könne zeitlich alles Mögliche bedeuten. Gegen die ernstliche Bereitschaft zum Wegfahren des Fahrzeugs spreche, dass dem Zettel kein Bezug zur konkreten Situation zu entnehmen war. Der Falschparker benutzte den vorgefertigten Zettel offenbar ständig. Er musste die Abschleppkosten zahlen.

Hamburgisches Oberverwaltungsgericht,
Urteil vom 14.08.2001–3 Bf 429/00

Abschleppen ist verboten

Ein Pkw wurde abgeschleppt, weil sein Besitzer keinen Parkschein gelöst hatte. Dafür wurden ihm 216,10 DM. (ca. 108 Euro) in Rechnung gestellt, die er nicht bezahlen wollte.

Er habe schlicht vergessen, einen Parkschein zu kaufen, sagte er. Außerdem sei das Abschleppen eines verkehrswidrig geparkten Fahrzeugs immer unverhältnismäßig, da die Abschleppkosten ein Vielfaches der Parkgebühr oder des Verwarnungsgeldes ausmachen würden.

Das Gericht folgte der Argumentation der unverhältnismäßig hohen Abschleppkosten nicht. Wäre diese Rechtsauffassung zutreffend, könne praktisch nie abgeschleppt werden. Der Zweck der Parkzeitregelung, möglichst vielen Autofahrern den in der Innenstadt knappen Parkraum zur Verfügung zu stellen, würde damit ad absurdum geführt.

Bayerischer Verwaltungsgerichtshof,
Beschluss vom 07. 12. 1998–24 ZS 98.2972

ERFOLGREICHE AUSREDE: SMART DARF QUER EINGEPARKT WERDEN

Eine Autofahrerin suchte einen Parkplatz. Die Lücke, die sie schließlich fand, war zu kurz für ein normales Parken. Doch sie fuhr einen nur zwei Meter fünfzig langen Smart, den sie einfach quer in die Parklücke stellte.
Die diensthabende Politesse hielt nichts von dem Querparken und schrieb die Smart-Besitzerin auf. Diese bekam einen Bußgeldbescheid, weil sie nicht am rechten Fahrbahnrand geparkt hatte.
Die Betroffene war empört, denn schließlich habe sie sich den Smart auch deshalb angeschafft, weil man mit ihm viel leichter einen Parkplatz finde. Und die Straßenverkehrsordnung verlange ein platzsparendes Parken. Den fließenden Verkehr habe sie nicht behindert.
Das Amtsgericht Viechtach gab ihr recht. Das Parken mit

einem Kleinstwagen quer zur Fahrtrichtung ist zulässig, wenn dies zur besseren Ausnutzung des Parkraums bei genügend breiter Straße zweckmäßig ist und zu keiner Gefahrenerhöhung für den fließenden Verkehr führt.

Amtsgericht Viechtach, Beschluss
vom 23. 08. 2005–7 II OWi 00605/05

Ausreden, die Sie nicht benutzen sollten, wenn Sie wegen Falschparkens vor Gericht stehen

- »Die Parkplatzsituation damals war genauso beschissen wie die heute vorm Gericht.«
- »Ich hatte den Warnblinker eingeschaltet. Dann gilt das Parkverbot nicht.«
- »Es lag ein Notfall vor. Ich musste Brötchen holen.«
- »Ich musste den Behindertenparkplatz nutzen, alle anderen waren belegt.«
- »Ich habe schon so oft dort geparkt und noch nie ein Knöllchen bekommen.«
- »Als ich mein Auto dort abgestellt habe, war alles ringsherum noch Freiland.«
- »Ich wurde unter Hypnose dazu aufgefordert, falsch zu parken.«
- »Ich bin Diplomat und darf überall parken.«
- »Ich stand höchstens drei Minuten in der zweiten Reihe und habe in einer Boutique ein paar Kleider ausprobiert.«
- »Ich hatte den Kofferraum voller Hehlerware. Die wollte ich nicht so weit schleppen.«

12

Schuld sind immer die anderen
Verkehrsunfälle

Hat es gekracht, dann überkommt so manchen Autofahrer der Fluchttrieb. Er verlässt den Unfallort – selbstredend berechtigt, wie er meint. Und stets ist schlichtweg der andere Fahrer schuld. Für Ausredenkünstler gibt es natürlich keine selbst verschuldeten Unfälle.

Bremsen für Katze

Der Kläger fuhr von hinten mit seinem Auto auf das Fahrzeug des Beklagten auf. Daraufhin verlangte er Schadensersatz und begründete dies damit, der andere Fahrer habe sein Fahrzeug grundlos und ruckartig angehalten. Der wiederum verteidigte sich damit, es liege ein klassischer Auffahrunfall vor. (Kracht es hinten, gibt es vorne Geld, lautet eine bekannte Autofahrerweisheit.) Er habe zu Recht wegen einer über die Fahrbahn laufenden Katze gebremst.

Das Amtsgericht Schorndorf entschied jedoch zugunsten des Klägers. Ihm stehe ein Anspruch auf Schadensersatz zu, denn der Beklagte habe wegen einer Katze nicht so ruckartig anhalten dürfen. Es sei zumutbar, eine gewöhnliche Hauskatze gegebenenfalls zu überfahren, da gewichtige Schäden an einem Fahrzeug in diesem Fall nicht zu befürchten seien. Zudem sei ein solches Bremsverhalten für den nachfolgenden Verkehr unabsehbar und könne deswegen Auffahrunfälle verursachen.

Das Amtsgericht nahm allerdings eine hälftige Schadensteilung vor, da der Kläger einen zu geringen Sicherheitsabstand eingehalten hatte.

Amtsgericht Schorndorf, Urteil
vom 10. 11. 1992–2 C 811/92

Besoffen vom Küssen

Der junge Mann fuhr mit 60 bis 70 km/h auf einer Landstraße. Dabei beugte er sich wiederholt zu seiner Beifahrerin, um diese zu küssen. Durch den Austausch von Zärtlichkeiten abgelenkt, geriet er auf die Gegenfahrbahn. Dort stieß er frontal mit einem entgegenkommenden Fahrzeug zusammen. Dessen Fahrerin verstarb an den Unfallfolgen.

Die auf Schadensersatz verklagte Haftpflichtversicherung des jungen Mannes verteidigte sich damit, die Frau sei nicht angeschnallt gewesen. Wäre sie angeschnallt gewesen, hätte sie keine tödlichen Verletzungen erlitten.

Doch nach Ansicht des Landgerichts Saarbrücken trug der junge Mann die Alleinschuld an dem Unfall. Sein grob verkehrswidriges Fehlverhalten verdrängte das mögliche Mitverschulden der Frau durch ihr Nichtanschnallen, denn er war durch die Küsserei mit seiner Freundin erheblich abgelenkt, und das wog ebenso schwer wie alkoholisiertes Autofahren. Küssend Auto zu fahren ist demnach genauso schlimm, wie betrunken am Steuer zu sitzen.

Landgericht Saarbrücken, Urteil
vom 15. 02. 2012–5 O 17/11

Schuld sind immer die anderen

Ein Münchener Amtsrichter hatte genug von den Ausreden der Unfallfahrer und schrieb sich seinen Frust von der Seele:

»Das Gericht war in seiner bisherigen Praxis schon mit ca. 2000 Straßenverkehrsunfällen beschäftigt und hat es noch niemals erlebt, dass jemals einer der beteiligten Fahrer schuld gewesen wäre. Es war vielmehr immer so, dass jeweils natürlich der andere schuld gewesen ist. Bekanntlich sind Autofahrer ein Menschenschlag, dem Fehler grundsätzlich nie passieren, und wenn tatsächlich einmal ein Fehler passiert, dann war man es natürlich nicht selbst, sondern es war grundsätzlich der andere.

Das Gericht hat auch noch nie erlebt, dass jemals ein Fahrer, der als Zeuge oder Partei vernommen wurde, eigenes Fehlverhalten eingeräumt oder zugestanden hätte. Wenn dies einmal tatsächlich passieren sollte, dann müsste man schlicht und einfach von einem Wunder sprechen. Wunder kommen aber in der Regel nur in Lourdes vor, wenn beispielsweise ein Blinder wieder sehen kann oder ein Lahmer wieder gehen kann, oder aber in Fatima, wenn sich während der Papstmesse eine weiße Taube auf den Kopf des Papstes setzt, und sogar in den dortigen Gegenden sind Wunder ziemlich selten, in deutschen Gerichtssälen passieren sie so gut wie nie, am allerwenigsten in den Sitzungssälen des Amtsgerichts München. Jedenfalls ist in Justiz- und Anwaltskreisen nichts davon bekannt, dass in der Pacellistr. 2 in München schon jemals ein Wunder geschehen wäre. Möglicherweise liegt das daran, dass der liebe Gott, wenn er sich zum Wirken eines Wunders entschließt, gleich Nägel mit Köpfen macht und sich nicht mit einem banalen Verkehrsunfall beschäftigt. Vielleicht liegt aber die Tatsache, dass trotz der Unfehlbarkeit aller Autofahrer gleichwohl so viele Verkehrsunfälle passieren, schlicht und einfach daran, dass unsere Gesetze so schlecht sind. Dies wiederum wäre allerdings kein Wunder. Aus dem vorstehend Gesagten vermag nun der unbefangene Leser des Urteils schon unschwer zu erkennen, was die Zeugenaussage eines Fahrers eines unfallbeteiligten Fahrzeuges vor Gericht wert ist: nämlich gar nichts.«

Amtsgericht München, Urteil
vom 11. 11. 1986–28 C 3374/86

Wer war der Fahrer?

Ein betrunkener Autofahrer verlor die Kontrolle über seinen Sportwagen und krachte in ein parkendes Auto. Sein teurer Wagen hatte nur noch Schrottwert. Der Mann wurde von der Polizei in der Nähe des Unfallorts mit mehr als zwei Promille angetroffen. Er verklagte seine Vollkasko-Versicherung, weil diese den Unfallschaden an seinem Fahrzeug nicht zahlen wollte. Diese berief sich darauf, der Kläger habe den Unfall betrunken selbst verursacht.

Gegenüber den den Unfall aufnehmenden Polizisten hatte der Kläger gesagt, er sei nicht selbst gefahren, sondern ein Dritter – dessen Namen er allerdings nicht nennen wollte. Vor Gericht erzählte er dann, er sei an dem fraglichen Abend auf einem Klassentreffen gewesen. Einer der Gäste habe ihm angeboten, ihn in seinem Wagen nach Hause zu fahren. Dieser unbekannte Fahrer sei sofort nach dem Unfall geflüchtet, wohingegen er selbst am Unfallort geblieben und auf die Polizei gewartet habe. An den Unfall selbst könne er sich nicht erinnern.

Das Landgericht Köln fiel auf diese Ausreden nicht herein. Wenn der Kläger tatsächlich keine Erinnerung an den Unfall mehr habe, könne er auch nicht wissen, ob er oder ein Dritter gefahren sei. Der Fahrersitz war optimal auf den Kläger eingestellt, er hatte alle Schlüssel bei sich, und eine Zeugin sah nur den Kläger nach dem Unfall vom Sportwagen wegrennen, niemanden sonst. Ein Fluchtimpuls aber mache nur Sinn, wenn man Probleme mit der Polizei befürchte. Es sei auch unwahrscheinlich, dass der Kläger das wertvolle Fahrzeug einem gänzlich Unbekannten überlassen habe. Erschwerend kam hinzu, dass der Mann bei einem fast gleichen Unfall, den er drei Jahre früher mit 2,5 Promille verursacht hatte, gegenüber Zeugen damit geprahlt hatte, er werde bei der Polizei aussagen, nicht gefahren zu sein. Dass der Kläger angeblich nicht gefahren war, klang also wie eine bereits mehrfach vorgebrachte Schutzbehauptung.

Es war der Kläger selbst, der seinen Sportwagen betrunken geschrottet hatte. Das Landgericht Köln wies die Klage ab.

Landgericht Köln, Urteil
vom 30.07.2003–20 O 131/03

Die Kaffeekanne des Truckers

Der Lkw-Fahrer eines Fuhrunternehmens war nach rechts von der Fahrbahn abgekommen; der Unfall beschädigte den Lkw erheblich. Die Kaskoversicherung bezahlte den Schaden von über 10 000 DM (rund 5000 Euro), wollte diese aber vom Fahrer ersetzt haben.

Der ganze Unfall sei eine Verkettung unglücklicher Umstände, behauptete der Trucker. Seine Kaffeekanne habe auf dem Beifahrersitz gelegen. Als er bremsen musste, sei sie in den Fußraum geflogen und habe sich hinter dem Bremspedal verfangen. Er habe nach unten gegriffen, um die Kanne hinter dem Pedal herauszuziehen. Bei dem Manöver habe er das Lenkrad verrissen und die Kontrolle über den Lkw verloren; dadurch sei es zum Unfall gekommen.

Das Oberlandesgericht Köln fand die Geschichte mit der Kaffeekanne nicht entschuldigend, sondern vielmehr grob fahrlässig. Schon das ungesicherte Abstellen der Kaffeekanne auf dem Beifahrersitz sei fahrlässig. Damit habe der Trucker eine Ursache dafür gesetzt, dass die Kanne in den Fußraum fallen konnte. Sich während der Fahrt nach unten zu bücken, war dann grob fahrlässig, da dieses Verhalten in hohem Maße die Gefahr in sich birgt, das Lenkrad zu verreißen und von der Straße abzukommen. Der Lkw-Fahrer wurde zur Zahlung des gesamten Schadens verurteilt.

Oberlandesgericht Köln, Urteil
vom 10. 05. 2000–26 U 49/99

Zettel an Windschutzscheibe

Ein Autofahrer beschädigte beim Einparken ein anderes Fahrzeug. Er wollte weder auf den Besitzer des beschädigten Autos warten noch die Polizei rufen. Stattdessen entfernte er sich vom Unfallort. Allerdings hatte ein Zeuge den Vorfall beobachtet, der die Polizei auf die Spur des Unfallflüchtlings brachte.

Der Mann versuchte sich vor Gericht damit herauszureden, dass er einen Zettel an der Windschutzscheibe hinterlassen habe. Der Unfallgegner hatte jedoch keinen solchen Zettel an seiner Windschutzscheibe vorgefunden. Die Polizei war dem Unfallflüchtling ja erst durch den zufällig anwesenden Zeugen auf die Spur gekommen.

Allerdings hätte der Beklagte auch wissen können, dass ein einfacher Zettel hinter der Windschutzscheibe in solchen Fällen nicht ausreicht. Denn das Fahrzeug, das er beschädigte, parkte dort, was bedeuten kann, dass die Eigentümer erst Stunden, Tage oder sogar Wochen später wieder zu ihm zurückkommen. Der Beklagte konnte wohl nicht allen Ernstes annehmen, dass der Zettel auch nur Tage später noch vorhanden sein würde. Denn auch dann, wenn so eine Nachricht nicht (wie so oft) von fremder Hand abgepflückt wird, überlebt ein Blatt Papier bei unseren Witterungsverhältnissen (zumal im Herbst) im Freien nicht allzu lange.

Selbst wenn er also einen Zettel hinterlegt hätte, hätte das dem Beklagten nicht geholfen. Er wurde zur Zahlung eines Schadensersatzes von 4500 Euro verurteilt.

Amtsgericht Berlin-Mitte, Urteil
vom 23. 10. 2003–113 C 3242/03

Der Unfallschock

Ein Autofahrer kam kurz nach Mitternacht nach links von der Straße ab und prallte gegen einen Brückenpfeiler. Ein Zeuge rief die Polizei. Der Unfallfahrer sagte ihm, er könne nicht warten, bis diese eintreffe, weil er etwas getrunken habe, woraufhin er sich zu Fuß von dannen machte.

Er habe die Unfallstelle wohl im Schockzustand verlassen, sagte der Mann später vor Gericht. Keineswegs habe er dies vorsätzlich getan, um die Aufdeckung seiner Trunkenheitsfahrt zu verhindern.

Das Landgericht Erfurt hatte diese Ausrede wohl schon zu oft gehört, denn es machte kurzen Prozess damit: »Ein Schock dauert nicht stundenlang, er verfliegt relativ rasch wieder. Danach wäre der Fahrer unmittelbar in der Lage und verpflichtet gewesen, zur Unfallstelle zurückzukehren oder sich bei der Polizei zu melden, was er nicht getan hat.«

Der Unfallfahrer blieb auf seinem Schaden von 15 250 Euro sitzen.

Landgericht Erfurt, Urteil
vom 12. 12. 2013–8 O 354/13

»Viagra trieb mich zur Unfallflucht«

Ein 58-jähriger Autofahrer stieß beim Ausparken auf dem Parkplatz eines Einkaufsmarktes in Landshut gegen ein anderes Auto. Er wartete nicht am Unfallort, sondern fuhr weg. Wenig später wurde er in einem Landshuter Bordell festgenommen. Der Mann war erheblich angetrunken.

Um sich herauszureden, tischte er den Polizisten eine nette Geschichte auf. Er habe an jenem Abend noch »ein bisschen Spaß« haben wollen. Auf dem Parkplatz habe er eine Viagra-Tablette geschluckt und dazu einige Flaschen Bier getrunken. Unerwartet früh und mit voller Wucht habe die Wirkung von Viagra eingesetzt – er habe es jetzt sehr eilig gehabt, ins Bordell zu kommen. Beim Ausparken sei es zu dem Parkplatzrempler gekommen. Auf die Polizei habe er wegen der Wirkung der Tablette nicht warten können, sondern dringend ins Bordell gemusst, um seine »Beschwerden« zu lindern.*

Facebook-Beitrag der Polizei Niederbayern
vom 08. 06. 2017

* Es bleibt abzuwarten, ob das »dringende Bedürfnis« strafmildernd Berücksichtigung findet.

»Muss zur Besprechung«

Ein Autofahrer war auf einem Parkplatz seitlich zu dicht an ein anderes Fahrzeug herangefahren. Er setzte deshalb zurück und stieß dabei gegen ein weiteres Auto, das soeben hinter ihm zum Stehen gekommen war. Dieser Pkw wurde dadurch beschädigt.

Es entspann sich ein Streit um die Schuldfrage, in dessen Verlauf der geschädigte Autofahrer meinte, die Polizei müsse diese Frage klären. Der Angeklagte erwiderte, er sei in Eile und müsse jetzt dringend zu einer Besprechung in sein Büro. Wenn der andere etwas von ihm wolle, solle er sich sein Kennzeichen aufschreiben. Dann ging er.

Der Angeklagte wurde wegen Unfallflucht verurteilt. Er hatte durch das Weggehen nach dem Unfall verhindert, dass seine Personalien aufgenommen werden konnten. Er hätte dem Geschädigten seinen Namen und seine Anschrift nennen und dieses durch Vorzeigen des Führerscheins oder Personalausweises belegen müssen.

Bundesgerichtshof, Beschluss
vom 21. 06. 1961–4 StR 544/60

ERFOLGREICHE AUSREDE:
»ICH BIN INKONTINENT«

Ein Mann verursachte mit seinem Pkw einen Unfall mit beträchtlichem Fremdschaden und fuhr anschließend einfach weiter. Acht Stunden nach dem Unfall wurde er auf dem Polizeirevier vorstellig. Das Amtsgericht Landstuhl entzog ihm vorläufig die Fahrerlaubnis wegen des dringenden Tatverdachts des unerlaubten Entfernens vom Unfallort.

Dagegen legte der Beschuldigte Beschwerde mit der Begründung ein, er habe nicht am Unfallort verbleiben können, da er äußerst dringend eine Toilette habe aufsuchen müssen. Er sei vor zwei Jahren wegen einer Darmerkrankung operiert worden und seither habe er etwa zwölfmal täglich Stuhlgang, und er sei dabei oft inkontinent. Er sei deshalb in seine fünf Minuten entfernte Wohnung gefahren und habe dort unverzüglich die Toilette aufgesucht.

Das Landgericht Zweibrücken fand die Geschichte von der Inkontinenz nach Vorlage eines Attests überzeugend. Es hob die Entziehung der Fahrerlaubnis auf.

Landgericht Zweibrücken, Beschluss
vom 13. 08. 1998 – 1 Qs 103/98

Ausreden, die Sie nicht benutzen sollten, wenn Sie wegen eines Verkehrsunfalls vor Gericht stehen

- »Der Mann vor mir trat einfach auf die Bremse.«
- »Ich musste einem Elch ausweichen.«
- »Ich fahre immer so.«
- »Als ich gerade mein Make-up im Rückspiegel kontrollierte, näherte sich mir in hohem Tempo diese Laterne.«
- »Der Fußgänger kam plötzlich vom Bürgersteig ab und verschwand wortlos unter meinem Wagen.«
- »Schon bevor ich ihn anfuhr, wusste ich, dass der alte Mann nie die andere Straßenseite erreichen würde.«
- »Ich war zu betrunken, um auf die Polizei zu warten. Ich musste erst mal meinen Rausch ausschlafen.«
- »Ich habe keinen Unfall bemerkt. Ich dachte, das Ruckeln komme von einer Bodenwelle und nicht von einem Fußgänger.«
- »Ich habe das andere Fahrzeug auf dem Parkplatz leicht touchiert, aber es ist dadurch so gut wie kein Schaden entstanden. Es war nur links zerbeult und zerkratzt, rechts ist es ganz heil geblieben.«

13

Frust durch Frustzwerge
Ausreden im Zivilprozess

Auch Kläger und Beklagte in Zivilprozessen greifen tief in die Trickkiste, um zu ihrem vermeintlichen Recht zu kommen. Meistens finden sie nicht den Beifall des Gerichts.

»Willst du zum Mond fliegen?«

Der erste Preis eines Gewinnspiels bei McDonalds war ein Weltraumflug im Wert von 80 000 Euro – ein Autohändler in Berlin konnte sein Glück kaum fassen, als er den Gewinncoupon an seinem Cola-Becher fand. Doch er selbst wollte nicht fliegen. Er schickte einer Bekannten eine SMS mit der Frage: »Willst du zum Mond fliegen?« Sie wollte, bekam den Gewinncoupon, gab ihm einen Mercedes ML 500 dafür und wurde in den Medien als strahlende Gewinnerin des Weltraumfluges präsentiert: Sie posierte mit Helm und silberfarbenem Anzug.

Später überlegte der Autohändler es sich anders und verklagte seine Bekannte auf Herausgabe des Gewinncoupons oder auf Zahlung von 80 000 Euro. Denn sie habe ihm zusätzlich zu dem Mercedes einen 5er BMW, einen Seat Leon und Alufelgen im Wert von 20 000 Euro versprochen. Diese Sachen habe sie ihm auf dem Gelände ihrer Werkstatt gezeigt.

Der Kläger konnte die erweiterte Tauschvereinbarung nicht beweisen. Tatsächlich bot die Kfz-Meisterin gar keine fahrbereiten werthaltigen Autos oder Alufelgen an, sie handelte nur mit

Schrottautos. Der Richter bezweifelte auch, dass die Werkstattinhaberin aufgrund ihrer finanziellen Verhältnisse dem Kläger eine Gegenleistung von 80 000 Euro für eine bloße Freizeitaktivität zugesagt habe. Die Klage wurde abgewiesen.

Landgericht Magdeburg, Urteil
vom 02. 04. 2015–2 O 1806/13

Unfreiwillige Prostituierte

Die Klägerin und der Beklagte waren ein Jahr lang ein Paar gewesen. Während dieser Zeit hatte der Mann auch intime Fotos von seiner Freundin geschossen. Nachdem sie sich von ihm getrennt hatte, sann er auf Rache und stellte drei Nacktfotos auf einer Tauschbörse im Internet ein. Eins zeigte die Klägerin nackt schlafend. Er betitelte das Bild mit »… danach!«. In alle drei Fotos blendete er in roter Schrift den Namen, die vollständige Anschrift und die Telefonnummer seiner Ex ein. Kurze Zeit später erhielt sie die ersten schlüpfrigen Anrufe, mit denen fremde Männer Kontakt zu ihr aufnehmen wollten. Sie verklagte ihren Exfreund auf Schmerzensgeld, weil sie durch die Fotos und ihre Kontaktdaten im Internet in den Bereich der Prostitution gerückt worden sei.

Die Fotos habe er im Affekt ins Internet gestellt, rechtfertigte der Beklagte sich. Das Verlassenwerden habe einen Kontrollverlust in ihm ausgelöst. Außerdem habe er die Fotos nach vierzehn Stunden wieder gelöscht. Dafür, dass die Fotos in dieser Zeit heruntergeladen wurden und bis heute weiterverbreitet würden, könne er nichts. Diese Eigendynamik sei ihm nicht klar gewesen.

Das Landgericht hielt dieses Vorbringen für den untauglichen

Versuch, sich »reinzuwaschen«: Der Beklagte könne sich nicht auf eine affektähnliche Handlung berufen. Die Präparierung der Fotos durch Einfügung von Kommentar und Anschrift weise deutlich auf eine sorgsam geplante und zielstrebig umgesetzte Tat hin. Dass er, falls dies zuträfe, die Bilder nicht länger als vierzehn Stunden im Internet zur Verfügung gestellt habe, entlaste ihn nicht, da in dieser Zeit bereits Mitglieder der Tauschbörse die Fotos heruntergeladen hatten; damit sei bereits ermöglicht worden, dass diese Bilder übers Internet verbreitet würden. Die Behauptung des Beklagten, diese Eigendynamik sei ihm nicht klar gewesen, hielt das Gericht für eine Schutzbehauptung, denn der Beklagte war offenbar sowohl mit der Wirkungsweise des Internets als auch mit der Funktion derartiger Tauschbörsen vertraut.

Das Landgericht Kiel verurteilte den Beklagten zur Zahlung eines Schmerzensgeldes von 25 000 Euro. Für die Höhe war auch der niedrige Beweggrund der Rache maßgeblich.

Landgericht Kiel, Urteil
vom 27. 04. 2006–4 O 251/05

Vorsicht! Bier kann Alkohol enthalten

Ein Mann war mit seiner Gesamtsituation unzufrieden. Er hatte seine Frau, seine Arbeit und seinen Führerschein verloren. Siebzehn Jahre beständigen Biertrinkens hatten ihn alkoholkrank werden lassen – sein Leben lag in Trümmern. Die gescheiterte Existenz wollte vom Hersteller seiner bevorzugten Biersorte mindestens 30 000 DM. (ca. 15 000 Euro) Schadensersatz. Die Brauerei sei an seinem Schlamassel schuld, denn sie habe auf den Flaschen keinen Hinweis angebracht, der vor den Folgen regelmäßigen Biertrinkens gewarnt habe. Ein solcher Warnhinweis hätte ihn vom regelmäßigen Bierkonsum abgehalten.

Das Oberlandesgericht wies den Prozesskostenhilfeantrag ab, weil es für eine Hinweispflicht auf »Risiken und Nebenwirkungen« von Bier keine gesetzliche Vorschrift gibt, die Alkoholhaltigkeit von Bier allgemein bekannt ist und auch ein schwerwiegendes Eigenverschulden des Biertrinkers vorlag.*

Oberlandesgericht Hamm, Beschluss
vom 14. 02. 2001–9 W 23/00

Computer lädt heimlich Pornos

Das Erotikunternehmen Beate Uhse verklagte eine Frau auf Schadensersatz von 1300 Euro. Über ihren Internetanschluss soll ein Hardcore-Porno heruntergeladen worden sein.

Die Beklagte sagte aus, weder sie noch ihr Freund hätten damit etwas zu tun. Zum Tatzeitpunkt seien sie zusammen im Nürnberger Zoo gewesen. Vielmehr habe der Computer ein eigenes Leben entwickelt. Schuld seien geheimnisvolle Kräfte, die illegal den Pornofilm auf ihren PC geladen hätten. Es sei bereits zuvor immer mal wieder vorgekommen, dass sich ihr PC von allein eingeschaltet habe. Sie vermute einen Trojaner, weshalb sie den Computer inzwischen entsorgt habe.

»Das ist eine Zu-gut-um-wahr-zu-sein-Story«, erwiderte der Anwalt von Beate Uhse. Da der PC inzwischen vernichtet worden

---

* Wie hat der Freund hopfenhaltiger Erfrischungsgetränke sich den Warnhinweis wohl vorgestellt? Vielleicht so: »Vorsicht! Der Konsum von alkoholischen Getränken beeinträchtigt Ihre Fähigkeit, Auto zu fahren oder Maschinen zu bedienen, und kann bei wiederholtem Konsum gesundheitliche Probleme verursachen.«

war, steckten beide Parteien in Beweisschwierigkeiten. Sie einigten sich auf Vorschlag des Gerichts auf einen Vergleich über 500 Euro.

»Süddeutsche Zeitung« vom 28. 10. 2015

Der langsame Expressbrief

Eine Baufirma wollte an der Ausschreibung für den Bau einer Kläranlage teilnehmen, für die sie wahrscheinlich den Zuschlag bekommen hätte. Sie gab ihr Angebot als Expressbrief auf. Dieser sollte am 5. Juli 2005 bis 10 Uhr bei dem Wasserverband ankommen.

Tatsächlich wurde der Brief erst einen Tag später, nach Ablauf der Angebotsfrist, ausgeliefert. Durch den entgangenen Auftrag entstand ein Schaden von über 20 000 Euro. Die Baufirma verklagte den Brief-Expressdienst daraufhin auf Schadensersatz. Dieser aber hielt die Lieferverzögerung für ein Augenblicksversagen. Der Fahrer habe einen Vermerk »Bei Ankunft geschlossen« gemacht.

Das Landgericht Bonn hielt das für eine Ausrede: »Die Behandlung der Sendung ab 05. 07. 2005, 08.12 Uhr liegt völlig im Dunkeln. Nach der Einlassung der Beklagten kann der Fahrer sich an den weiteren Ablauf nicht erinnern, wobei der Vermerk ›Bei Ankunft geschlossen‹ eine Ausrede für ein Fehlverhalten des Fahrers darstellen kann.« Außerdem hätte die Zustellungsfirma besondere Vorkehrungen für eine termingerechte Zustellung treffen müssen, was sie jedoch nicht getan hatte. Das Landgericht gab der Klage statt. Die Beklagte wurde verpflichtet, der Klägerin sämtliche aus der verspäteten Zustellung der Ausschreibungsunterlagen entstandenen und entstehenden Schäden zu ersetzen.

Landgericht Bonn, Urteil vom 08. 06. 2006

Frust durch Frustzwerge

Kläger und Beklagter waren verfeindete Nachbarn. Der Beklagte stellte eigens produzierte »Frustzwerge« in seinem zum Hof des Klägers gelegenen Garten auf. Es handelte sich um 30 bis 35 Zentimeter große gartenzwergartige Gebilde, die im Gegensatz zu den allgemein bekannten Gartenzwergen untypische Posen und Gesten einnahmen. So zeigte einer der Zwerge dem Beobachter mit herausgestreckter Zunge den erhobenen Mittelfinger, ein anderer beugte sich mit heruntergelassenen Hosen nach vorne und zeigte sein entblößtes Hinterteil, ein weiterer hielt sich die Nase zu und schloss dabei die Augen.

Der Kläger wollte erreichen, dass sein Nachbar die Zwerge entfernte. Der Beklagte rechtfertigte sich damit, es müsse ihm gestattet sein, seinen Frust gegenüber dem Kläger auf diese Weise loszuwerden. Außerdem handele es sich bei den Zwergen um Kunstgegenstände.

Das Amtsgericht gab der Klage statt. Zwar hätten die Werke durchaus einen künstlerischen Wert, dennoch stellten die Posen und Gesten der Gartenzwerge eine vom Beklagten beabsichtigte grobe Beleidigung des Klägers dar. Der Beklagte habe seine zweifellos vorhandene künstlerische Begabung dazu missbraucht, um seiner Absicht, den Kläger zu kränken und zu beleidigen, eine feste Form zu geben. Es mache dabei keinen Unterschied, ob der Beklagte sich selbst vor das Haus des Klägers gestellt hätte, um diesem beispielsweise den gestreckten Mittelfinger zu zeigen. Er habe die tönernen Stellvertreter an seiner statt »handeln« lassen.

Amtsgericht Grünstadt, Urteil
vom 11.02.1994–2a C 334/93

Falscher Tachostand schnell erklärt

Ein Mercedes-Benz 500 SL wurde bei einem Brand vollkommen zerstört. Der Besitzer des Pkw wollte danach den Fahrzeugwert von seiner Kaskoversicherung ersetzt haben. Für die Höhe der Versicherungsentschädigung ist der Kilometerstand von erheblicher Bedeutung. Der Fahrzeughalter gab einen Kilometerstand von 24 000 an.

Diese Angabe war falsch, wie eine Nachfrage in der Stammwerkstatt des Mannes ergab. Als der Mercedes dort einen Monat vor dem Brand repariert wurde, hatte er bereits 46 000 Kilometer auf dem Tacho. Die Versicherung verweigerte wegen der falschen Angabe die Zahlung.

Der Mercedes-Besitzer klagte daraufhin auf die Zahlung von 131 600 DM. (ca. 66 000 Euro). Bei der Kilometerangabe handele es sich um einen versehentlichen Zahlendreher. Tatsächlich habe er die nach seiner Ansicht zutreffende Laufleistung von 42 000 Kilometer angeben wollen.

Das Oberlandesgericht Köln glaubte den irrtümlichen Zahlendreher nicht und wies die Klage ab. Es leuchtete ihm nicht ein, inwiefern der Kläger den Kilometerstand besser kennen wollte als die Autowerkstatt, die sein Fahrzeug ständig gewartet und repariert hatte und auf entsprechende Einträge in ihrer Datenbank zurückgreifen konnte. Der behauptete Zahlendreher war in den Augen des Gerichts lediglich eine Ausrede, um die bewusste Falschangabe als Irrtum hinzustellen.

Oberlandesgericht Köln, Urteil
vom 17. 06. 1997–9 U 78/96

ERFOLGREICHE AUSREDE: QUERSCHNITTSLÄHMUNG DURCH SEX

Eine 35-jährige Sekretärin hatte sich beim Sex mit ihrem Freund so schwer verletzt, dass sie heute im Rollstuhl sitzt. Sie verklagte ihre beiden Unfallversicherungen auf Invaliditätsleistungen. Im Gerichtssaal schilderte die Klägerin die intimen Details ihres Unfalls. Vor fünf Jahren habe sie mit ihrem Freund leidenschaftlichen Geschlechtsverkehr gehabt. Dabei habe sie rittlings auf ihm gesessen; mit einem Mal habe er sich heftig bewegt, sie sei aus dem Gleichgewicht gekommen und rund einen Meter weit auf die Bettkante geschleudert worden. Mit dem Gesäß sei sie auf dem Metallrahmen aufgeschlagen und habe das Bewusstsein verloren. Die Ärzte diagnostizierten eine schwere Rückenmarksverletzung und eine Querschnittslähmung.

Die Versicherungen glaubten dem Sexmärchen nicht. Insbesondere das angebliche Aufschlagen auf dem Metallteil des Bettes stehe im Widerspruch dazu, dass keinerlei äußere Verletzungen vorgelegen hätten. Auch führe ein solches Aufschlagen nicht zu einer Querschnittslähmung. Die Klägerin könne auch unmöglich von der Mitte des Betts auf die Metallkante geschleudert worden sein.

Das Oberlandesgericht Düsseldorf gab der Klage trotz der unrealistischen Unfallschilderung statt. Wer sich beim wilden Sex verletzt, kann von seiner Unfallversicherung Zahlung verlangen. Die vom Gericht angehörten Gutachter hielten es für möglich, dass man bei heftigen Beischlafbewegungen einen Meter weit geschleudert wird.

Die Versicherungen mussten insgesamt 774 325 DM. (ca. 396 000 Euro) an die Klägerin zahlen.

Oberlandesgericht Düsseldorf, Urteil vom 1. 09. 1999–4 U 153/98

Ausreden, die Sie nicht benutzen sollten, wenn Sie wegen Schulden verklagt werden

- »Ich habe nichts bestellt und nichts bekommen. Noch nie.«
- »Selber schuld, wer jemandem wie mir ohne Bonitätsprüfung etwas ohne Vorkasse liefert.«
- »Ich habe viel Geld bei meinen letzten Scheidungen verloren.«
- »Kann nicht zahlen. Muss Milch für meine Kinder kaufen.«
- »Ich habe schon den Offenbarungseid geleistet.«
- »Mir wird immer die Post aus dem Briefkasten geklaut, gerade die Rechnungen und Mahnungen.«
- »Der Insolvenzverwalter ist mein bester Freund. Reden Sie mit dem und lassen Sie mich in Ruhe.«
- »Diesen Monat waren Sie bei der Ziehung der bezahlbaren Rechnungen leider nicht mit dabei.«
- »Ich kann nicht zahlen, weil ich die PIN von meinem Mann nicht kenne.«
- »Ich habe beim Hacken fremder Konten schon enorme Fortschritte gemacht. Bald kriegen Sie Ihr Geld.«

14

Wohnen zum Nulltarif
Dreiste Gründe, die Miete zu mindern

Ein Drittel des Einkommens kostet uns im Schnitt die Miete. Der Wunsch vieler Wohnungsinhaber, die Mietzahlung drastisch zu reduzieren, ist da nur zu verständlich. Und wenn mit der Wohnung alles in Ordnung ist, muss man sich halt etwas aus den Fingern saugen.

Erfundene Mietminderung

Eine Münchnerin wurde von ihrer Vermieterin vor dem Amtsgericht München auf Zahlung rückständigen Mietzinses verklagt. Sie hatte im Zeitraum August 2008 bis August 2010 Teile der monatlichen Miete einbehalten, sodass schließlich ein Rückstand in Höhe von 1641 Euro aufgelaufen war. Als Begründung gab sie an, dass die Wohnung Mängel aufweise. In der Nordwestecke des Wohnzimmers sei im gesamten Bereich von der Decke bis zum Fußboden Schimmel vorhanden. Auch in der Küche finde sich Schimmel, der durch im Herbst neu eingebaute Fenster verursacht würde. Die Heizkörper in der Wohnung würden sich ohne ihr Zutun abkühlen bzw. selbst bei vollem Aufdrehen des Ventils nicht warm werden, sodass es im Wohnzimmer kalt sei. Das Gericht bewilligte der Mieterin Prozesskostenhilfe.

Während des Prozesses stellte sich heraus, dass der behauptete Schimmel im Wohnzimmer überhaupt nicht vorhanden war. Das Fenster in der Küche stand in keinem Zusammenhang mit der Schimmelbildung. Der Schimmel war zum einen schon vor Einbau des Fensters aufgetreten, zum anderen hatte in der Vergangenheit bereits ein Sachverständiger festgestellt, dass die Mieterin unzureichend lüfte und dadurch den Schimmel verursache. Der Sachverständige stellte darüber hinaus fest, der Temperaturabfall des Heizkörpers sei darauf zurückzuführen, dass die Mieterin nach kurzer Heizphase das Heizkörperventil abdrehe.

Das Amtsgericht München verurteilte die Mieterin zur Zahlung der rückständigen Miete und hob auch den Beschluss auf, mit dem Prozesskostenhilfe gewährt wurde. Denn die Mieterin hatte durch unrichtige Darstellungen die für die Prozesskostenhilfe maßgebenden Tatsachen vorgetäuscht.

Amtsgericht München, Beschluss
vom 21. 01. 2013–461 C 31177/10

Die zu leise Klingel

Die Mieter minderten die Miete unter anderem wegen der zu leisen Klingel, wogegen der Vermieter klagte. Der Richter begab sich zur Überprüfung selbst zur Wohnung der Mieter, und, oh Wunder, sein Klingeln wurde gehört und er eingelassen. Eine Mietminderung schmetterte der Richter mit dieser Begründung ab: »Nach der richterlichen Hörprobe erscheint auch die vorhandene Klingel ausreichend dimensioniert. In diesem Zusammenhang bleibt es den Beklagten unbenommen, falls sie eine lautere Klingel wünschen, diese selbst anzubringen. Die vorhandene Klingel ist voll funktionsfähig.«

Amtsgericht Büdingen, Urteil
vom 01. 08. 1997–20 C 372/97

Schnarchen aus der Nachbarwohnung

Die Bewohner einer Altbauwohnung rügten eine fehlerhafte Schallisolierung und machten eine Mietminderung um 30 Prozent geltend. Das Schnarchen eines Wohnungsnachbarn sei allnächtlich so laut in ihrem eigenen Schlafzimmer zu hören, dass sie nicht schlafen könnten.

Das Amtsgericht holte ein Sachverständigengutachten ein, welches besagte, dass die Wohnung den für einen Altbau geltenden Schallschutz erfüllte. Eine Altbauwohnung verfügt über einen im Vergleich zu Neubauten geringeren Schallschutz, sodass der Mieter nicht erwarten kann, dass keinerlei Wohngeräusche der Nachbarn in seine Räume dringen. Gewisse Lärmbelästigungen sind infolge des Zusammenlebens in einem Mehrfamilienhaus unvermeidbar. Die Schnarchgeräusche eines Nachbarn überschreiten die Grenze des Zumutbaren nicht. Die Mieter waren also nicht zur Minderung berechtigt.

Amtsgericht Bonn, Urteil
vom 25.03.2010–6 C 598/08

Graffiti im Treppenhaus

Eine Mieterin klagte auf Beseitigung von Farbschmierereien im Treppenhaus und machte Mietminderung geltend. Als sie eingezogen sei, habe sich das Treppenhaus in einem optisch einwandfreien Zustand befunden. Nun aber seien die Wände großflächig mit Graffiti versehen. Insgesamt mache das Haus dadurch einen verunstalteten und verwahrlosten Eindruck. Sie sei diesem negativen Anblick jeden Tag ausgesetzt. Daher verlangte sie eine Mietminderung von zehn Prozent bis zur Beseitigung der Graffiti.

Das Landgericht Berlin entschied jedoch, dass der Klägerin wegen der Graffiti kein Minderungsrecht zustehe. Bei jenen handele es sich nicht um einen Mangel der Mietsache, da Mieter und Vermieter keine besondere Beschaffenheit des Treppenhauses vereinbart hätten. Dass das Treppenhaus bei Einzug frisch gestrichen war, habe keinen rechtsgeschäftlichen Erklärungswert.

Landgericht Berlin, Urteil
vom 05. 10. 2010–63 S 619/09

Wohnen zum Nulltarif

Die Mieter wollten sichergehen, dass ihre Mietminderung berechtigt war, und präsentierten dem Gericht gleich siebzehn verschiedene Gründe dafür. Doch aus dem Wohnen zum Nulltarif wurde nichts, denn das Gericht erkannte nur zwei der siebzehn Mietminderungsgründe an. Die meisten der behaupteten Mängel waren unerheblich und berechtigten nicht zur Mietminderung. Unter anderem hatten die Mieter einen fehlenden Kokosläufer im Treppenhaus und den Ausfall der Hausnummernbeleuchtung bemängelt.

Zum fehlenden Kokosläufer im Treppenhaus führte das Landgericht aus, dass der Läufer von der Klägerin unstreitig vor Beginn der Bauarbeiten anlässlich des Dachausbaus entfernt wurde. Darin liegt keine erhebliche Beeinträchtigung des Gebrauchs der gemieteten Wohnung, denn die Komforteinbuße beim Zugang bleibt gemäß § 537 Satz 2 BGB außer Betracht. Und die Tatsache, dass die Beleuchtung der Hausnummer ausgefallen sei, bedeute keine Beeinträchtigung der Gebrauchstauglichkeit der Wohnung. Dies wäre nur dann der Fall gewesen, wenn ein Mieter aufgrund einer bestimmten Nutzung oder anderer besonderer Umstände auf eine gute Erkennbarkeit der Hausnummer auch im Dunkeln angewiesen wäre. Dafür gab es jedoch keine Anhaltspunkte.

Landgericht Berlin, Urteil
vom 15. 03. 2002–63 s 54/00

Quietschende Liebesschaukel

Der Mieter eines Einzimmerappartements hatte eine Liebesschaukel aufgestellt. Es war ein altes Schaukelgestell mit Ketten. Er empfing vor allem nachts Besuch von anderen Männern. Die Wohnungsnachbarn fühlten sich durch die heftig quietschende Liebesschaukel in ihrer Nachtruhe gestört. Der Vermieter kündigte dem Mann und klagte auf Räumung.

Der Beklagte bestritt die Lärmverursachung. Er achte auf die Einhaltung der Nachtruhe, sagte er. Eine Zeugin berichtete hingegen von drei- bis viermaligem Sex auf der quietschenden Liebesschaukel, meist zwischen 23 und 3 Uhr.

Das Amtsgericht München gab der Räumungsklage statt. Die lauten nächtlichen Geräusche, die von der Wohnung des Beklagten ausgingen, seien nicht mit dem normalen Gebrauch einer Mietwohnung vereinbar. Die Nachbarn hätten diese nicht als sozialadäquat hinzunehmen.*

Amtsgericht München, Urteil
vom 27. 01. 2014–417 C 17705/13

---

* Mit »sozialadäquat« sind Geräusche gemeint, die zu den üblichen, hinzunehmenden Geräuschen aus Nachbarwohnungen gehören. Das Heulen eines Staubsaugers ist beispielsweise sozialadäquat. Das Quietschen einer Liebesschaukel offenbar eher nicht.

Leichen im Keller

Im Erdgeschoss eines Mehrfamilienhauses eröffnete ein Bestattungsinstitut. Für einen Mieter im zweiten Stock war dies nicht hinnehmbar, weshalb er die Miete um 49 Prozent minderte. Er werde beim Betreten des Wohnhauses ständig mit dem Tod konfrontiert, da sich über dem Hauseingang eine Leuchtreklame »Bestattungshaus« befinde und Bestattungsutensilien im Schaufenster ausgestellt würden. Er befürchte, dass im Bestattungsinstitut auch Leichen aufbewahrt würden. Der Umstand, »eine Leiche im Keller zu haben«, würde über das Maß des Tolerierbaren hinausgehen. Sein Wohlbefinden werde dadurch wesentlich gestört.

Das Amtsgericht erkannte die Mietminderung nicht an. Allein das subjektiv eingeschränkte Wohlbefinden des Betroffenen rechtfertigte in den Augen des Richters keine Minderung. Die tägliche Konfrontation mit dem Tod möge für manche Leute unangenehm sein, aber subjektive (Über-)Empfindlichkeiten könnten bei der Bewertung von Minderungsrechten nicht berücksichtigt werden.

Amtsgericht Stuttgart, Urteil
vom 14. 11. 2008–31 C 4679/08

Rasen im Winter nicht grün

Der Rasen im mitvermieteten Garten sei im späten Herbst und Winter nicht grün, rechtfertigte ein Mann seine Mietminderung.

Das Landgericht Berlin sah darin keine erhebliche Gebrauchsbeeinträchtigung. Es liege schon in der Natur der Sache, dass ein Rasen in späten Herbst- und Wintermonaten weniger grün und gepflegt aussehe. Außerdem würden Gartenflächen wegen der Witterung und der Temperaturen in diesem Zeitraum nicht zum längeren Aufenthalt genutzt. Und eine Vereinbarung, wonach der Vermieter dem Mieter einen von klimatischen bzw. jahreszeitlichen Schwankungen unabhängigen immergrünen Rasen schuldete, lag nicht vor.

Landgericht Berlin, Urteil vom 16. 08. 2011–65 S 422/10

ERFOLGREICHE AUSREDE: DER PUPSENDE NACHBAR

Die Mieterin einer Erdgeschosswohnung minderte ihre Miete von 396,49 Euro um 84,01 Euro, weil sie sich aufgrund der außergewöhnlichen Hellhörigkeit des Wohnhauses gestört fühlte. Unter anderem konnte sie neben den üblichen Badegeräuschen auch hören, wenn »die Obermieter Darmwinde in der Badewanne abgehen« ließen.

Das Amtsgericht Neuruppin entschied zugunsten der Mieterin. Diese habe angesichts der belästigenden Geräusche die Miete mindern dürfen. Dabei berücksichtigte das Gericht insbesondere den intimen Charakter der Geräusche.

Amtsgericht Neuruppin, Urteil vom 12. 11. 2004–42 C 263/04

Gründe, die Sie nicht anführen sollten, wenn Sie eine Mietminderung geltend machen

- »Der Nachbar hat die Wasserspülung betätigt.«
- »Eine Küchenschublade klemmt.«
- »Zusammengerechnet komme ich auf eine Mietminderung von 130 Prozent.«
- »Der Kläger ist ein Miethai. Der braucht meine Miete nicht.«
- »Der Elektrosmog von der Türklingel hat mich krank gemacht.«
- »Das Laufrad des Hamsters der Nachbarn quietscht.«
- »Der Vermieter ist grußlos an mir vorbeigegangen.«
- »Die Miete war mir von Anfang an zu hoch.«
- »Mein Sohn hat das Fenster mit einem Fußball zerschossen. Bis der Vermieter eine neue Scheibe eingebaut hat, zahle ich keine Miete.«
- »Ich verlange 50 Prozent Mietminderung. Als Freigänger schlafe ich im Knast und nutze die Wohnung nur tagsüber.«

15

»Der Strand war zu sandig«
Kuriose Urlaubsmängel

Billigtouristen wollen nichts weniger als sieben Sterne zum Schnäppchenpreis. Die Enttäuschung ist dabei vorprogrammiert. Und der nächste Urlaub will finanziert werden. Für die erstrebte Rückzahlung des Reisepreises werden kleinere Mängel des Urlaubs übertrieben oder gleich ganz erfunden.

Einheimische am Strand

Der Kläger hatte Urlaub auf Mauritius gemacht. Dort hatte er zu seiner Überraschung festgestellt, dass der Strand auch von Einheimischen genutzt wurde, die dort zu allem Überfluss sogar feierten. Ein Aufenthalt am Strand sei dadurch kaum möglich gewesen, meinte er – er sei »schlichtweg sprachlos« gewesen und wolle seinen Reisepreis zurück.

Für diese Rüge fehlte dem Gericht jegliches Verständnis. Der Prospekt des Reiseunternehmens enthielt nur den Hinweis, dass das Hotel durch eine kleine Straße vom Strand getrennt sei und dass durch das Hotelmanagement Strandliegen zur Verfügung gestellt werden könnten. Weshalb der Kläger aus dieser Beschreibung den Schluss gezogen hat, er sei am Strand für sich und Einheimische würden ihn nicht nutzen, wird das Geheimnis des Klägers bleiben. »Im Übrigen ist das Gericht, um die Worte des Klägers zu benutzen, schlichtweg sprachlos darüber, dass sich ein Reisender allen Ernstes darüber beschwert, er habe den

Strand am Urlaubsort mit Einheimischen teilen müssen. Wer Fernreisen unternimmt, was der Kläger nach seinem eigenen Vortrag seit vielen Jahren macht, ist doch ganz offensichtlich darum bemüht, andere Länder und andere Leute kennenzulernen. Weshalb ein solcher Reisender sich dann beschwert, dass er in einem Urlaubsland den Strand mit Einheimischen teilen muss, ist schlichtweg unbegreiflich. Selbst wenn die Einheimischen einen gewissen Lärmpegel hervorrufen, wenn sie irgendwelche Feste feiern, kann der Kläger dies nicht ernstlich als einen Reisemangel vortragen wollen.«

Amtsgericht Aschaffenburg,
Urteil vom 19. 12. 1996–13 C 3517/95

Unharmonischer Beischlaf

Das gebuchte Doppelbett im Doppelzimmer auf Menorca entpuppte sich als zwei nebeneinanderstehende Einzelbetten. Der Kläger fühlte sich hierdurch in seinen Schlaf- und Beischlafgewohnheiten empfindlich beeinträchtigt. Ein »friedliches und harmonisches Einschlaf- und Beischlaferlebnis« sei während der gesamten vierzehntägigen Urlaubszeit nicht zustande gekommen, weil die Einzelbetten, die zudem noch auf rutschigen Fliesen gestanden hätten, bei jeder kleinsten Bewegung auseinandergedriftet seien. Ein harmonischer Intimverkehr sei nahezu unmöglich gewesen. Der Kläger verlangte Schadensersatz wegen nutzlos aufgewendeter Urlaubszeit in Höhe von 20 Prozent des Reisepreises.

Das Amtsgericht Mönchengladbach wies die Klage ab: »Der Kläger hat nicht näher dargelegt, welche besonderen Beischlafgewohnheiten er hat, die fest verbundene Doppelbetten voraussetzen. Dieser Punkt brauchte allerdings nicht aufgeklärt zu werden, denn es kommt hier nicht auf spezielle Gewohnheiten des Klägers an, sondern darauf, ob die Betten für einen durchschnittlichen Reisenden ungeeignet sind. Dies ist nicht der Fall. Dem Gericht sind mehrere allgemein bekannte und übliche Variationen der Ausführung des Beischlafs bekannt, die auf einem einzelnen Bett ausgeübt werden können, und zwar durchaus zur Zufriedenheit aller Beteiligten. Es ist also ganz und gar nicht so, dass der Kläger seinen Urlaub ganz ohne das von ihm besonders angestrebte Intimleben hätte verbringen müssen. Aber selbst wenn man dem Kläger seine bestimmten Beischlafpraktiken zugesteht, die ein fest verbundenes Doppelbett voraussetzen, liegt kein Reisemangel vor, denn der Mangel wäre mit wenigen Handgriffen selbst zu beseitigen gewesen. Es hätte nur weniger Handgriffe bedurft und wäre in wenigen Minuten zu erledigen gewesen, die beiden Metallrahmen durch eine feste Schnur miteinander zu verbinden. Es mag nun sein, dass der Kläger etwas Derartiges nicht dabeihatte. Eine Schnur ist aber für wenig Geld schnell zu besorgen. Bis zur Beschaffung dieser Schnur hätte sich der Kläger beispielsweise seines Hosengürtels bedienen können, denn dieser wurde in seiner ursprünglichen Funktion in dem Augenblick sicher nicht benötigt.«

Amtsgericht Mönchengladbach,
Urteil vom 25. 04. 1991–5a C 106/91

Wellen am Strand

Ein Ehepaar reiste zum Baden und Schnorcheln auf die Seychellen. Das sei lebensgefährlich gewesen, monierte er später, da es einen leichten Sturm gegeben habe. Die Wellen seien bis zu 1,5 Meter hoch gewesen. Die Kläger hielten das für unzumutbar und verlangten eine Minderung des Reisepreises um 25 Prozent.

Die Überraschung der Kläger, an einem Meeresstrand mit bis zu anderthalb Meter hohen Wellen konfrontiert zu werden, ist an sich schon kaum nachvollziehbar. Das Landgericht Hannover fand jedoch eine andere Begründung, die Klage abzuweisen. Es sei unerheblich, ob die Wind- und Wellenverhältnisse während des Urlaubs den Behauptungen des Ehepaars entsprochen hätten und Baden und Schnorcheln während der gesamten Reisezeit nicht möglich gewesen seien, denn der Reiseveranstalter hafte schlichtweg nicht für klimatische Verhältnisse am Reiseort. Das natürliche Risiko von Meer und Wetter müsse vom Reisenden grundsätzlich hingenommen werden. Der Reiseveranstalter habe keinen Einfluss auf das Wetter.

Woraus man schließen kann: Weil der Reiseveranstalter nicht für das Wetter haftet, fallen auch andere Wettermängel ins Wasser. Wenn also die Sonne zu heiß ist, es im Skiurlaub zu kalt ist oder es in der Regenzeit wie aus Eimern schüttet, gibt es dafür kein Geld zurück.

Landgericht Hannover, Urteil
vom 17.08.2009–1 O 59/09

Badeverbot wegen Haiangriff

Ein Mann buchte eine Pauschalreise auf die Seychellen. Bereits vor seiner Ankunft hatte dort ein Haiangriff stattgefunden, weshalb die örtlichen Sicherheitsbehörden ein Badeverbot ausgesprochen hatten. Der Urlauber war der Meinung, das Badeverbot begründe einen Reisemangel, ihm stehe daher ein Anspruch wegen entgangener Urlaubsfreuden in Höhe der Hälfte des Reisepreises zu.

Das Amtsgericht München wies die Klage ab. Der Reiseveranstalter sei nicht verpflichtet, dem Reisenden ein ungefährdetes

Schwimmen im Meer zu ermöglichen. Ein Reisemangel liege insbesondere dann nicht vor, wenn an einem öffentlichen Strand durch die örtlichen Behörden zeitweise ein Badeverbot erlassen werde und der Reisende daher nicht im Meer baden könne. Dies gelte umso mehr, wenn das Badeverbot zum Schutz der Urlauber vor ortsüblichen Gefahren erfolge, also zum Beispiel vor Haiangriffen.*

Amtsgericht München, Urteil
vom 14. 12. 2012–242 C 16069/12

Harte Landung

Eine Flugpassagierin klagte, weil es im Rahmen der Landung auf dem Flughafen Saarbrücken im August 2004 zu einem schweren Flugunfall gekommen sei. Der Anflug sei offensichtlich zu spät eingeleitet worden, weshalb die Landung in einem Sturzflug erfolgt sei. Um nicht über die Landebahn hinauszugeraten, seien die Piloten gezwungen gewesen, das Flugzeug extrem stark abzubremsen. Durch das extreme Vibrieren und Schütteln des Flugzeuges habe sie – die Klägerin – eine HWS-Distorsion mit erheblicher, schmerzhafter Bewegungseinschränkung erlitten. Zudem leide sie seither an Angstzuständen, die bis heute andauerten. Es sei dafür ein Schmerzensgeld von 2500 Euro angemessen.

Das Landgericht Düsseldorf wies die Klage ab. Voraussetzung für den Schmerzensgeldanspruch wäre, dass die Körperverletzung durch einen Unfall verursacht worden sei. Unfall im Sinne dieser Vorschrift ist aber nur ein besonderes Ereignis. Dagegen

---

* Man könnte sagen: Das Badeverbot hat dem Kläger die Möglichkeit genommen, sogar auf Rückzahlung des ganzen Reisepreises zu klagen. Wenn ihm nämlich ein Hai ein Bein abgebissen hätte, hätte er auf 100 Prozent Rückerstattung plus Schmerzensgeld plädieren können.

rechtfertigen typische Vorkommnisse während eines Fluges, mit denen der Fluggast rechnen muss, nicht die Annahme eines besonderen Ereignisses. Zu diesen typischen Vorkommnissen gehört auch eine harte Landung, und mehr als eine solche konnte das Gericht nicht feststellen. Das Flugzeug war nach Auskunft der Klägerin auf der Landebahn zum Stehen gekommen und auch mit einem starken Abbremsen des Flugzeugs nach dem Aufsetzen muss ein Fluggast grundsätzlich rechnen.

Landgericht Düsseldorf, Urteil
vom 12. 10. 2007–22 S 240/07

Eintöniges Essen

Ein Paar hatte während seiner All-inclusive-Reise nach Kalabrien an fast allem etwas auszusetzen. Die beiden bemängelten unter anderem, dass sie All-inclusive-Bänder tragen mussten, kein Radio im Zimmer war und der Wasserpegel im Pool zu niedrig war. Vor allem aber klagten die Urlauber über die eintönige Verpflegung. Der Urlaub habe daher nicht den geringsten Erlebnis- und Erholungswert gehabt. Sie verlangten den Reisepreis zurück.

Das Amtsgericht München reagierte mit Kopfschütteln. Warum eine Verpflegung aufgrund von Eintönigkeit ungenießbar sein solle, vermöge das Gericht nicht nachzuvollziehen. Es sei ebenso nicht verständlich, warum etwas eintönig sein solle, wenn regelmäßig ein Fleisch- und ein Fischgericht angeboten werde. Auch wenn nur eine Sorte Eier, Käse und Wurst beim Frühstück angeboten werde, begründe dies keine Reisepreisminderung.

Amtsgericht München, Urteil
vom 17. 05. 2009–222 C 13094/09

Vom Affen gebissen

Ein Mann war auf Safarireise in Kenia. Er hatte eines Morgens vom Frühstücksbüffet eine Banane mitgenommen und ging damit durch den Garten der Bungalowanlage. Dort erspähte ein wilder Affe die Frucht, fiel den Reisenden an und biss ihm kräftig in die Hand, um an die Banane zu kommen. Die Wunde musste verbunden und der Urlauber gegen Tollwut geimpft werden. Drei Tage lang sei er wegen starker Schmerzen und einer erheblichen Schwellung des Fingers auf seinem Zimmer gewesen, sagte er, und auch danach habe er noch monatelang Beschwerden gehabt. Wieder zu Hause, verklagte er den Reiseveranstalter auf Zahlung von 3741 Euro.

Das Amtsgericht Köln schmetterte die Klage ab. Der Tourist habe selbst Schuld, dass er vom Affen gebissen wurde. Bereits unmittelbar nach Ankunft sei auf einer Informationsveranstaltung empfohlen worden, die auf dem Hotelgelände und in der näheren Umgebung des Hotels anzutreffenden wilden Affen nicht zu füttern, und vor dem Speisesaal befinde sich ein Schild mit der Bitte, kein Essen aus dem Speisesaal mitzunehmen. Am Pool des Hotels sei ein weiteres Schild aufgestellt gewesen mit dem Hinweis: »Don't feed the monkeys. If you do, you'll see.« Der Tourist war also durch die verschiedenen Hinweise ausreichend über das bestehende Risiko aggressiver hungriger Affen informiert.

Amtsgericht Köln, Urteil
vom 18. 11. 2010–138 C 379/10

Flugbuchung auf Sächsisch

Eine Frau aus Sachsen wollte ihren Flug nach Bordeaux weder antreten noch bezahlen. Sie habe einen Flug nach Porto und nicht nach Bordeaux buchen wollen.

Zahlen musste die Sächsin den Flugpreis von 294 Euro trotzdem. Das Risiko, wegen seines Dialekts nicht verstanden zu werden, trägt dessen Sprecher. Die Reisebüromitarbeiterin hatte schließlich in korrekter hochdeutscher Sprache zweimal die Flugroute, insbesondere Abflug- und Zielort genannt; die Beklagte habe die Flugstrecke daraufhin bestätigt und die Buchung verbindlich getätigt. Damit war ein Vertrag für den Flug nach »Bordo« zustande gekommen.

Amtsgericht Stuttgart-Bad Cannstatt, Urteil vom 16. 03. 2012–12 C 3263/11

ERFOLGREICHE AUSREDE: DAS ALBTRAUMSCHIFF

Ein Berliner Ehepaar buchte für den stolzen Preis von 11 080 Euro eine Kreuzfahrt auf der MS *Amadea* von Vietnam nach Neuseeland in 26 Tagen. Die *Amadea* ist seit 2015 das neue ZDF-»Traumschiff« und Drehort für die bekannte Serie. Darüber hatte der Reiseveranstalter die beiden vorab nicht informiert. An insgesamt zwölf Drehtagen fanden während ihrer Kreuzfahrt Aufnahmen mit Sascha Hehn als Kapitän und Heide Keller als Chefstewardess statt. Dafür wurden zeitweise Teile des Kreuzfahrtschiffes, insbesondere das beliebte Promenadendeck, gesperrt.

Die Eheleute behaupteten, sie seien durch die Dreharbeiten empfindlich gestört worden. Insbesondere hätten sie regelmäßig den Vorhang ihrer Kabine zuziehen müssen, um sich vor den Dreharbeiten zu schützen. Sie hätten sich täglich darum kümmern müssen, welche Bereiche für sie zugänglich waren, was den Erholungswert und die Reisefreude gemindert habe. Auch hätten sie sich ständig »auf der Flucht« vor dem Fernsehteam befunden. Aufgrund der Größe des Schiffes sei es ihnen nicht möglich gewesen, diesem vollkommen auszuweichen. Sie machten eine Reisepreisminderung von 40 Prozent geltend.

Das Amtsgericht Bonn gab der Klage zur Hälfte statt und sprach den Geschädigten eine Minderung von 20 Prozent für die zwölf Drehtage, insgesamt 1022,76 Euro, zu. Die Nutzbarkeit aller Freizeitmöglichkeiten auf einem Kreuzfahrtschiff sei Vertragsbestandteil einer ordnungsgemäßen Reise. Einschränkungen wie die Absperrung des Promenadendecks stellten einen Mangel dar und müssten nicht akzeptiert werden.

Der Erfolg war allerdings nur vorübergehend. Das Landgericht hob das Urteil wieder auf und wies die Klage ab. Eine Minderung von 20 Prozent sei unangemessen. Die von den Klägern reklamierten Umstände seien eine zeitweilige Belästigung, die vom Reisenden hinzunehmen sei.

Amtsgericht Bonn, Urteil vom 30. 12. 2015 –101 C 423/15; Landgericht Bonn, Urteil vom 23. 08. 2016–8 S 5/16

Ausreden, die Sie nicht benutzen sollten, wenn Sie den Reisepreis mindern wollen

- »Der Strand war zu sandig.«
- »Die Rolex-Uhr vom Straßenhändler war gefälscht.«
- »Ich musste Kurtaxe bezahlen, obwohl ich gar nicht mit einer Taxe gefahren bin.«
- »Wir mussten jeden Tag griechisch essen gehen. In dem Hotel auf Kreta gab es nur dieses eine Restaurant.«
- »Es gab kein Schwarzbrot.«
- »Ich wurde von einem Moskito gestochen.«
- »Ich habe einen schlimmen Sonnenbrand bekommen. Der Reiseveranstalter hätte uns warnen müssen, dass die Sonne in Ägypten stärker als in Deutschland scheint.«
- »Da war Schimmel in der Dusche. Das konnte man unter der Lupe ganz deutlich sehen.«
- »Der Lärm der Triebwerke während des Fluges war nicht auszuhalten.«

16

Impotenz, Scheinehen, Väterroulette
Familienrecht

Im Familiengericht wird bis aufs Messer gekämpft, geht es doch um existenzielle Dinge wie Kinder, Vermögen und Unterhalt. Nichts bleibt unversucht, um Justitias Waage ein wenig in die eigene Richtung ausschlagen zu lassen – und sei es mit abstrusen Argumentationen.

»Waldmeister« ist kein Vorname

Mama und Papa gaben ihrem Sohn den Vornamen »Waldmeister«. Doch der Standesbeamte lehnte die Beurkundung dieses Namens ab. »Waldmeister« sei kein Vorname, sondern Bestandteil von Getränken und Speiseeis.

Dagegen legten die Eltern Widerspruch ein und begründeten ihn unter anderem damit, der Vorname »Waldmeister« sei nicht negativ konnotiert, sondern impliziere vor allem Naturverbundenheit. Im Übrigen sei der entsprechende englische Vorname »Woodruff« in den Archiven der US-Zensusbehörden mehrfach für das 19. und 20. Jahrhundert nachweisbar. Die eindeutige Nachweisbarkeit des Vornamens »Waldmeister« sowie des Namensbestandteils »Meister« in der englischen Sprache müsse es ihnen ermöglichen, ihrem Sohn den ausgewählten Namen zu geben.

Das Oberlandesgericht Bremen befand jedoch, die Eltern hätten kein Recht, ihren Sohn »Waldmeister« zu nennen. Das Wort »Waldmeister« werde im deutschen Sprachraum nun mal unter anderem mit einer Bezeichnung für Speiseeis, einer Geschmacksrichtung in Erfrischungsgetränken, einem Beruf und vor allem mit einer Pflanze assoziiert. Der vom Standesbeamten bestellte Sachverständige hat zudem plausibel dargelegt, dass ein männlicher Vorname »Waldmeister« nicht nachgewiesen werden konnte. Dieser Kontrast zwischen der Verwendung des Wortes »Waldmeister« als bekannte und gewöhnliche Bezeichnung von Sachen einerseits und der überraschenden Verwendung als Vorname andererseits war für das Gericht Grund genug, dass ein solcher Vorname als lächerlich empfunden werden und seinen mit ihm verbundenen Träger lächerlich machen könne.*

Hanseatisches Oberlandesgericht Bremen,
Beschluss vom 20. 06. 2014–1 W 19/14

Lohn der Scheinehe ausgegeben

Im Dezember 1999 ging eine junge Frau im Alter von 23 Jahren eine Scheinehe mit einem ukrainischen Staatsangehörigen ein. Hierfür erhielt sie 10 000 DM. (ca. 5000 Euro). Da sie zwischenzeitlich mit einem anderen Mann zusammen war und von diesem ein Kind bekam, wollte sie nun den Vater des gemeinsamen Kindes heiraten. Dazu bedurfte es allerdings der Aufhebung der bisherigen Scheinehe. Von dem erhaltenen Geld war nichts mehr übrig, auch hatte sie sonst kein verwertbares Einkommen, sodass die Frau Prozesskostenhilfe für das Verfahren beantragte.

Der Antrag auf Prozesskostenhilfe wurde jedoch sowohl vom Amtsgericht als auch vom Oberlandesgericht zurückgewiesen.

---

* Für Mädchen fiel der Vorname »Pfefferminze« bei anderer Gelegenheit ebenfalls durch.

Zu Recht, wie der Bundesgerichtshof entschied. Jemand, der für eine rechtsmissbräuchlich eingegangene Ehe ein Entgelt erhalte, habe die Verpflichtung, hiervon Rücklagen zu bilden, um die Kosten eines – regelmäßig absehbaren – Eheaufhebungsverfahrens finanzieren zu können.

Der Bundesgerichtshof führte zudem aus, dass Art. 6 GG (Schutz der Familie) nicht verletzt sei, wenn die junge Frau derzeit die Aufhebung der Scheinehe nicht erreichen und deshalb ihren neuen Lebensgefährten nicht heiraten könne. Die Antragstellerin habe sich durch die Scheinehe schließlich selbst in diese Situation gebracht.

Bundesgerichtshof, Beschluss
vom 22. 06. 2005–XII ZB 247/03

Väterroulette

Eine Frau mietete für vier Tage ein Hotelzimmer. Sie verbrachte die Zeit dort mit einem Mann, von dem sie nur dessen Vornamen »Michael« kannte. Die beiden waren offenbar derart mit wildem, hemmungslosem Sex beschäftigt, dass keine Zeit für tiefgehende Kennenlerngespräche blieb.

Neun Monate später brachte die Frau einen Sohn zur Welt. Nur ihre Bettbekanntschaft aus dem Hotel kam als Vater des Kindes infrage. Die Klägerin wollte nun von der Hotelleitung Auskunft über die Anschrift und den vollständigen Namen ihres damaligen Begleiters haben, da sie selbst nicht im Besitz von Unterlagen war, aus denen sich der vollständige Name ihres Begleiters ergeben könnte. Sie benötige die Informationen, um Kindesunterhaltsansprüche gegenüber ihrem damaligen Begleiter geltend machen zu können, und war der Meinung, dass ihr diese Auskünfte nach dem Bundesdatenschutzgesetz zustünden.

Das Hotel hingegen war hingegen nicht der Ansicht, diese persönlichen Daten eines Gastes weitergeben zu müssen. In dem fraglichen Zeitraum seien insgesamt vier männliche Personen mit dem Vornamen Michael in dem Hotel zu Gast gewesen. Da die Klägerin die genannte Person nicht näher beschreiben könne, sei eine eindeutige Feststellung der infrage kommenden Person unmöglich.

Die Frau klagte gegen die Hotelleitung am Amtsgericht München auf Auskunftserteilung. Die Richterin wies die Klage ab: Die Preisgabe der Namen würde in diesem Fall »ins Blaue hinein erfolgen«, denn die Klägerin sei sich ja nicht einmal sicher, ob es sich bei »Michael« um den richtigen Namen des Betroffenen handele. Die Klägerin könne den Mann auch nicht näher beschreiben. Es bestand also Gefahr, dass die vier »Michaels« zu Unrecht verdächtigt würden, folgenschweren Geschlechtsverkehr mit der Klägerin gehabt zu haben – möglicherweise zum Schaden ihrer eigenen Ehen.

Amtsgericht München, Urteil
vom 28. 10. 16–191 C 521/16

»Ich bin Hartzer und kann keinen Unterhalt zahlen«

Der 30-jährige Vater einer zweijährigen Tochter hatte die Kindesmutter verlassen. Eine im gärtnerischen Bereich begonnene Berufsausbildung hat er abgebrochen, zeitweise bei unterschiedlichen Zeitarbeitsfirmen gearbeitet und in einer Autowäsche für einige Monate monatlich über 1300 Euro netto verdient. Diese Arbeitsstelle verlor er – nach eigenen Angaben schuldlos – im Herbst 2014 und war seitdem arbeitslos. Mittlerweile bezog er Arbeitslosengeld II.

Die Antragstellerin begehrte nun Kindesunterhalt. Diesen hatte ihr das Familiengericht Marl in Höhe von monatlich 236 Euro zugesprochen, berechnet nach einem fiktiven Einkommen des Antragsgegners.

Dagegen legte der Kindesvater Beschwerde ein. Das Familiengericht habe ihn zu Unrecht zur Zahlung des Mindestunterhalts verpflichtet. Er sei arbeitslos, lebe von ALG II und könne deshalb keinen Unterhalt zahlen.

Die Beschwerde wies das Oberlandesgerichts Hamm zurück. Zu Recht habe das Familiengericht dem Antragsgegner ein fiktives Einkommen angerechnet, das die Zahlung des begehrten Kindesunterhalts zulasse. Eltern seien gegenüber minderjährigen Kindern verpflichtet, alle verfügbaren Mittel zu ihrem und der Kinder Unterhalt gleichmäßig zu verwenden. Unterlasse der unterhaltspflichtige Elternteil, dafür seine Arbeitskraft einzusetzen, könnten auch fiktiv erzielbare Einkünfte berücksichtigt werden. Es reiche nicht aus, sich einfach nur arbeitslos zu melden. Im vorliegenden Fall habe der Antragsgegner offensichtlich keine Erwerbsbemühungen entfaltet.

Oberlandesgericht Hamm, Beschluss
vom 22. 12. 2015–2 UF 213/15

Kostenlose Sexkontakte

Während des Zusammenlebens mit ihrem Ehemann stellte die Ehefrau ihr Profil auf der Internetseite www.poppen.de ein. Sie offenbarte dabei auch ihre sexuellen Vorlieben und Neigungen.

Wenig später kam es zur Trennung und die Ehefrau begehrte Trennungsunterhalt. Doch das Amtsgericht verneinte einen Unterhaltsanspruch wegen der Veröffentlichung des persönlichen

Profils in der Sexkontaktbörse. Dagegen legte sie Beschwerde ein und argumentierte, bei poppen.de handele es sich nicht um eine Sexkontaktbörse, sondern vielmehr um einen »völlig normalen Chatroom«, in dem auch über harmlose Dinge kommuniziert werde.

Doch auch das Oberlandesgericht verneinte gegenüber der Frau einen Anspruch auf Trennungsunterhalt: »Dieser ist wegen eines schwerwiegenden, ausschließlich bei ihr liegenden Fehlverhaltens dadurch ausgeschlossen, dass sie ihr Profil noch während ihres Zusammenlebens mit dem Ehemann auf der Internetseite www.poppen.de eingestellt hat. Hierin ist ein schwerwiegendes Fehlverhalten zulasten des Antragsgegners zu sehen (§ 1579 Nr. 7 BGB). Der Einwand der Antragstellerin, es handele sich bei der betreffenden Internetseite um einen ›völlig normalen Chatroom, den viele Erwachsene auch dazu nutzen, beispielsweise über Autos oder über andere Dinge zu kommunizieren‹, überzeugt nicht. Der Domain-Name sowie der Einführungstext auf der Startseite (...) sprechen für sich.«

Oberlandesgericht Oldenburg, Beschluss
vom 17. 11. 2009–3 WF 209/09

Unterhaltsverwirkung durch Rufmord

Ein Ehepaar war seit 2002 rechtskräftig geschieden. Schon nach der Trennung der Eheleute drei Jahre zuvor behauptete die Ehefrau im Rahmen der familiengerichtlichen Auseinandersetzung, der Ehemann habe die wenige Jahre alte gemeinsame Tochter sexuell missbraucht. Daraufhin eingeholte Sachverständigengutachten kamen zu dem Ergebnis, dass es dafür keine Anhaltspunkte gebe. Dennoch erklärte die Ehefrau 2001 gegenüber der

Vermieterin des Ehemanns, dieser sei ein »Kinderschänder«, und äußerte später gegenüber seiner Lebensgefährtin, er habe pädophile Neigungen. Ihren Verdacht, der Ehemann habe die gemeinsame Tochter missbraucht, teilte sie zudem dem Jugendamt mit. Wegen dieser Äußerungen verurteilte das Landgericht Duisburg die Ehefrau im Jahre 2003 dazu, diese Behauptung gegenüber Dritten zu unterlassen. Trotzdem wiederholte die Frau den Vorwurf selbst 2005 noch im Rahmen einer zivilgerichtlichen Auseinandersetzung mit dem Ehemann und deutete ihn 2006 in einem an den Verfahrensbevollmächtigten des Ehemanns gerichteten Schreiben erneut an. Die Ehefrau verlangte nun nachehelichen Unterhalt in Höhe von monatlich über 1500 Euro. Ihre Verdachtsmomente für einen sexuellen Missbrauch habe sie äußern dürfen, wahrheitswidrig erhobene Missbrauchsvorwürfe könnten ihr auch zu einem späteren Zeitpunkt nicht als Fehlverhalten vorgeworfen werden, weil sie seinerzeit an Depressionen gelitten habe.

Das Oberlandesgericht Hamm wies die Klage ab. Nach Auffassung des Oberlandesgerichts hatte die Ehefrau ihren Anspruch auf Nachscheidungsunterhalt verwirkt. Sie habe dem Ehemann über Jahre wiederholt zu Unrecht den sexuellen Missbrauch der Tochter vorgeworfen. Nach der Vorlage der Sachverständigengutachten stellten ihre Äußerungen gegenüber unbeteiligten Dritten (wie der Vermieterin und der Lebensgefährtin) ein schwerwiegendes Fehlverhalten dar. Die wiederholt und über mehrere Jahre ohne tatsächliche Anhaltspunkte geäußerten Missbrauchsvorwürfe seien geeignet gewesen, den Ehemann in der Öffentlichkeit nachhaltig verächtlich zu machen, und hätten so seine familiäre, soziale und wirtschaftliche Existenz zerstören können. Bei diesen sehr schwerwiegenden Vorwürfen komme es nicht darauf an, ob sie von der Ehefrau im Zustand einer Schuldunfähigkeit erhoben worden seien, und bei derart schweren, nachhaltigen Beeinträchtigungen, die dem Ehemann dadurch drohten, gebiete es die nacheheliche Solidarität nicht, einem eventuell schuldlos handelnden Ehegatten Unterhalt zu gewähren.

Oberlandesgericht Hamm, Beschluss
vom 20.03.2014–2 UF 105/13

Schmerzensgeld für Impotenz des Ehemannes

Eine Frau verklagte ein Krankenhaus auf Schmerzensgeld. Sie behauptete, ihr Ehemann habe aufgrund eines Kunstfehlers bei einer Wirbelsäulen-OP einen Nervenschaden erlitten, durch welchen er impotent geworden sei. Dies beeinträchtige ihr zuvor ausgefülltes Sexualleben, es sei zu einem faktischen Verlust der Sexualität gekommen. Vom beklagten Krankenhaus verlangte sie deswegen ein Schmerzensgeld in der Größenordnung von 20 000 Euro.

Das Landgericht Hagen wies die Klage zurück. Auch das Oberlandesgericht Hamm führte in einem Hinweisbeschluss aus, dass es an der Verletzung eines eigenen Rechtsgutes der Klägerin und damit an einer Voraussetzung für einen Schmerzensgeldanspruch fehle. Die Klägerin trage ja nicht einmal vor, dass die behauptete Impotenz ihres Ehemanns bei ihr zu körperlichen oder psychischen Schäden geführt habe, sondern mache lediglich einen faktischen »Verlust ihrer Sexualität« geltend, wobei das Gericht anmerkte, dass die infrage stehende Impotenz keinen vollständigen Verlust der ehelichen Sexualität bedeuten müsse. Der von der Klägerin vorgetragene Verlust stelle keine Verletzung ihres Körpers, ihrer Gesundheit oder ihres Rechts auf sexuelle Selbstbestimmung dar; es handele sich lediglich um eine Auswirkung der Impotenz auf das Leben der Klägerin. Nach dem erteilten Hinweis nahm die Klägerin die Berufung zurück.

Oberlandesgericht Hagen, Beschluss
vom 07.06.2017–3 U 42/17

ERFOLGREICHE AUSREDE:
DEN LIEBHABER DARF MAN VERPRÜGELN

Ein Ehemann hatte den Verdacht, dass seine Frau fremdging. Während sie ihn einmal wieder in der Nachtschicht wähnte, kam er kurz vor 3 Uhr morgens unerwartet nach Hause. Im ehelichen Schlafzimmer erwischte er seine Frau mit ihrem Liebhaber in flagranti und prügelte den Geliebten krankenhausreif. Dieser erlitt Prellungen, Platzwunden und eine Wadenbeinfraktur. Der Hausfreund verklagte den gehörnten Ehemann auf ein Schmerzensgeld von mindestens 500 Euro.
Der Ehemann verteidigte sich damit, die Schlafzimmertür sei bei seinem Heimkommen von innen abgeschlossen gewesen. Nach deren Aufbrechen habe er seine Ehefrau und den Kläger nur spärlich bekleidet im Ehebett vorgefunden. In einem Ausbruch spontanen Zornes habe er dem Kläger »eine gehörige Tracht Prügel« versetzt.
Für die Klage hatte das Landgericht Paderborn kein Verständnis: »Trifft ein Ehemann im Schlafzimmer der Ehewohnung seine Ehefrau in flagranti mit einem Dritten an und greift er daraufhin in aufflammendem Zorn den Liebhaber der Ehefrau tätlich an und verletzt ihn, so kann das

Mitverschulden des Verletzten im Einzelfall so hoch zu bewerten sein, dass jedenfalls ein Schmerzensgeldanspruch nicht besteht (...). Der Schmerzensgeldanspruch dient grundsätzlich nicht dem Zweck, demjenigen, der in eine fremde Ehe eindringt, hierbei im ehelichen Schlafzimmer in flagranti gestellt wird und sich dann einem nach den Umständen zu erwartenden körperlichen Angriff des Ehemannes ausgesetzt sieht, hierfür noch eine Genugtuung in Form eines Schmerzensgeldes zu verschaffen, die hierin immer auch gesehen würde.«

Landgericht Paderborn, Urteil
vom 12. 10. 1989–1 S 197/89

Argumente, die Sie nicht benutzen sollten, wenn Sie vor dem Familiengericht stehen

- »Ich will die Ehe annullieren lassen, denn ich war bei der Hochzeit bewusstlos.«
- »Die Ehe fechte ich an. Meine Frau hat mich arglistig getäuscht. Sie war bei der Hochzeit gar keine Jungfrau mehr.«
- »Ich will eine Sofortscheidung. Es liegt ein Härtefall vor – Manfred hat mir nichts zum Valentinstag geschenkt.«
- »Wir leben seit einem Jahr getrennt. Zwölf Wochen sind doch ein Jahr, oder?«
- »Ich zahle meiner Ex doch keinen Unterhalt. Das Geld gebe ich lieber für mich selbst aus.«
- »Das ist meine dritte Scheidung. Bekomme ich da keinen Mengenrabatt?«

17

Von Aliens entführt
Bluffen im Job

Manche Arbeitnehmer meinen, sie seien unkündbar und würden mit allem durchkommen. Krankfeiern, Diebstahl und Alkohol – alles kein Problem, jedenfalls so lange, bis die Kündigung ins Haus flattert. Dann braucht es eine dreiste Ausrede, um zumindest zu versuchen, den Arbeitsplatz zu retten.

Ein explosiver Scherz

Der Vorarbeiter eines Gerüstbaubetriebs warf einen China-Böller von oben in ein Dixi-Klo, in dem ein verhasster Kollege gerade sein Geschäft verrichtete. Dieser wurde durch den explodierenden Feuerwerkskörper erheblich verletzt: Er erlitt Verbrennungen am rechten Oberschenkel, am rechten Hodensack und an der rechten Leiste. Aufgrund dessen war er drei Wochen arbeitsunfähig. Die Gerüstbaufirma kündigte dem Vorarbeiter fristlos.

Dieser erhob dagegen Klage: Es liege keine solch schwerwiegende Pflichtverletzung vor, dass dies die fristlose Kündigung rechtfertigen würde. Der kollegiale Umgang auf Gerüstbaustellen sei schon mal etwas ruppiger. Scherze seien durchaus üblich, dabei seien in der Vergangenheit auch öfter schon Feuerwerkskörper mit im Spiel gewesen. Derartiges habe im Kollegenkreis als Stimmungsaufheller gegolten. So sei es auch an jenem Tag geplant gewesen. Die Herbeiführung von Verletzungen des Arbeitskollegen sei nie beabsichtigt gewesen.

Dem folgte das Arbeitsgericht nicht und wies die Kündigungsschutzklage ab. Der Gekündigte könne nicht als Entschuldigung anführen, dass in der Gerüstbaufirma »Scherze mit Feuerwerkskörpern« üblich gewesen seien, denn zum einen habe dies die Firma offenbar weder gewusst noch geduldet, zum anderen sei der Mann in seiner Eigenschaft als Vorarbeiter verpflichtet, derartiges Fehlverhalten zu unterbinden.

Arbeitsgericht Kreeld, Urteil
vom 21. 12. 2012–2 Ca 2010/12

In die Tonne kloppen

Der Sachbearbeiter einer Bußgeldstelle hatte 103 Akten vernichtet. Das kam bei einer Stichprobenkontrolle heraus. Ihm wurde außerordentlich gekündigt.

Die Aktenvernichtung verteidigte er damit, die Teamleiterin habe zu einem Kollegen gesagt, dass dieser »die verjährten Fälle (...) in die Tonne kloppen« könne, »da ja nichts mehr zu holen sei«. Daraufhin begann er, verjährte und aus anderen Gründen nicht eingegebene Vorgänge zu vernichten. Es könne, so meinte er, keinen Unterschied machen, ob verjährte Fälle in einem Ordner aufbewahrt oder vernichtet würden.

Vor Gericht hatte er mit dieser Verteidigung keinen Erfolg. Das Landesarbeitsgericht Hamm bestätigte die Rechtmäßigkeit der Kündigung. Der Angestellte habe aufgrund seiner langjährigen Tätigkeit gewusst, wie mit den Akten umzugehen sei. Bußgeldakten müssten drei Jahre aufbewahrt und dürften erst dann in einem geregelten Verfahren vernichtet werden. Ihre Vernichtung allein aufgrund einer angeblichen Äußerung seiner Vorgesetzten sei eine schuldhafte Verletzung der Dienstpflichten.

Auch wenn das Landesarbeitsgericht es nicht so deutlich

sagte, stand der Verdacht im Raum, dass der Sachbearbeiter schlicht liegen gebliebene Akten beseitigt hatte, um eigene Arbeitsrückstände zu kaschieren. Die angebliche Verjährung der Polizeianzeigen konnte nämlich erst während der Bearbeitung bzw. der Nichtbearbeitung durch ihn eingetreten sein.

Landesarbeitsgericht Hamm, Urteil
vom 02. 06. 2005–15 Sa 126/05

Die Verkostung

Der in einem Lebensmittelmarkt angestellte Schlachtermeister hatte eine Scheibe Fleisch im Wert von 0,80 Euro gebraten und aufgegessen. Wegen unrechtmäßigen Warenverzehrs erhielt er die fristlose Kündigung.

Er klagte dagegen und trug vor, er habe den Speck aufgrund der Beschwerde einer Kundin probiert, um zu prüfen, ob dieser zu salzig sei. Im Übrigen sei es durchaus üblich, Proben zu nehmen, dieses gehöre auch zu seinen Aufgaben als Schlachtermeister.

Das Landesarbeitsgericht Schleswig-Holstein entlarvte dies als Ausrede und bestätigte die fristlose Kündigung. Der Kläger hatte nach Zeugenaussagen nicht das von ihm behauptete versalzene Stück Speck als Probe verzehrt, sondern ein Stück Bauchfleisch, das nicht gesalzen wird und daher auch nicht dahingehend geprüft werden muss. Hinzu kam, dass der Kläger sich bemüht hatte, das Verhalten zu verschleiern, indem er gegenüber einem Kollegen äußerte, wenn jemand komme, werde man sagen, es handele sich um eine Verkostung.

Landesarbeitsgericht Schleswig-Holstein,
Urteil vom 10. 11. 2015–2 Sa 235/15

Der 26-Stunden-Tag

Der Kassenärztlichen Vereinigung fiel bei einer Hausärztin die extrem hohe Anzahl behandelter Patienten auf. In einem Quartal hatte sie 2500 Fälle gehabt. Die KV rechnete anhand der eingereichten Abrechnungen nach und kam auf eine tägliche Arbeitszeit von durchschnittlich 26,17 Stunden. Daraus ergab sich die Schlussfolgerung, die Ärztin habe die abgerechneten Leistungen zeitlich gar nicht erbringen können; die KV forderte Honorar in Höhe von 297 000 DM. (ca. 149 000 Euro) zurück.

Dagegen klagte die Ärztin. Sie arbeite besonders schnell, sagte sie, und könne zum Beispiel eine psychische Dekompensation aufgrund eines Suizidversuchs in nur zehn Minuten behandeln. Außerdem sei sie multitaskingfähig und könne während der Untersuchung von Patienten noch Gespräche abwickeln und dann beides nebeneinander abrechnen.

Das Sozialgericht Dortmund hielt die abgerechneten Leistungen für zeitlich ebenfalls nicht erbringbar und bestätigte die Honorarrückforderung. Anhand der Praxisöffnungszeiten ging das Gericht von einer täglichen Arbeitszeit von zehn Stunden aus. Die darüber hinaus gehenden sechzehn Stunden hatte die Klägerin tatsächlich nicht gearbeitet, aber abgerechnet.

Sozialgericht Dortmund, Urteil
vom 26. 09. 2000–S 26 KA 73/99

Freund der Knackis

Ein Wachtmeister der Justizvollzugsanstalt Dessau hatte Doping- und Lebensmittel sowie DVDs, Parfüm und eine Goldkette ins Gefängnis geschmuggelt und an Gefangene verteilt. Bei den Dopingmitteln handelte es sich um verbotene Anabolika samt Spritzenbesteck. Als Gegenleistung erhielt er einen Anteil an den Dopingmitteln zum Eigenverbrauch. Als der rege Schmuggelverkehr aufflog, wurde er aus dem Dienst entlassen. Dagegen klagte der Wachtmeister. Ja, er habe die Sachen eingeschmuggelt und an Inhaftierte weitergegeben, aber keinesfalls, um Geld damit zu verdienen. Er habe sich vielmehr als Freund einiger Inhaftierter gesehen, denen er einen Gefallen habe tun wollen.

Diese Ausrede stieß beim Oberverwaltungsgericht auf ungläubiges Unverständnis. Wenn der Kläger sich als »Freund der Inhaftierten« sehe, verkenne er damit massiv die Aufgaben eines Justizvollzugsbeamten. Dieser solle sich gerade nicht als Freund von Gefangenen empfinden, sondern für die ordnungsgemäße Durchführung des Strafvollzuges sorgen. Eine »Kumpanei« oder »Gefälligkeiten« gegenüber den Gefangenen könne nicht hingenommen werden. Für eine falsch verstandene »Freundschaft« zwischen Vollzugsbediensteten und Inhaftierten bestehe keine Rechtfertigung. Es blieb bei der Entlassung aus dem Dienst.

Oberverwaltungsgericht des Landes Sachsen-Anhalt,
Urteil vom 03. 04. 2008–10 L 2/07

Alles ein Versehen

Der Kläger war als Hubwagenfahrer bei der Lufthansa angestellt. Er hatte ein Diensthandy erhalten, um auf dem Rollfeld jederzeit erreichbar zu sein. Das Handy hatte eine »Twin-Bill-Funktion«: Eine Telefonnummer ist nur für Dienstgespräche, die andere für Privatgespräche vorgesehen, die später abgerechnet und bezahlt werden müssen. Während eines zehntätigen Urlaubs im Februar 2010 führte er aus dem Ausland 113 Telefonate im Dienstmodus für 973 Euro. Bei drei Auslandsaufenthalten 2008 und 2009 hatte er bereits 350 Telefonate auf Kosten der Lufthansa geführt. Alle Telefonate erfolgten unstreitig nicht dienstlich. Er erhielt die außerordentliche Kündigung.

Es sei alles nur ein Versehen gewesen, behauptete der Vieltelefonierer vor Gericht. Er habe sich bei der »Twin-Bill-Funktion« geirrt. Den Dienstmodus habe er nur versehentlich verwendet. Er habe nie die Absicht gehabt, private Telefonkosten zulasten seines Arbeitgebers abzurechnen.

Die Richter glaubten dem Kläger nicht, dass er nur aus Versehen nicht vom Dienst- in den Privatmodus umgeschaltet hatte – denn dann müsste er sich 113 Mal allein im Februar 2010 geirrt haben. Es handele sich um eine reine Schutzbehauptung. Im Gegenteil habe der Hubwagenfahrer bewusst im Dienstmodus Privattelefonate im Ausland geführt, und das mit Methode, wie die vielen Telefonate aus den Vorjahren zeigen würden.

Hessisches Landesarbeitsgericht, Urteil
vom 25.07.2011–17 Sa 153/11

Geringes Gehalt zwingt zur Zuhälterei

Der Kläger war als Straßenbauarbeiter bei der Stadt beschäftigt. Nebenbei arbeitete er als Zuhälter: Eine 18-jährige Tschechin ging für ihn der Prostitution nach. Er wurde deswegen zu einer Freiheitsstrafe von einem Jahr und zehn Monaten auf Bewährung verurteilt. Die Stadt kündigte ihm.

Die Stadt sei selbst schuld, dass er nebenbei als Zuhälter Geld hinzuverdienen müsse, erklärte er den verdutzten Richtern. Mit dem kargen Gehalt der Stadt könne er seine Familie nicht ernähren.

Das Bundesarbeitsgericht jedoch bestätigte die Kündigung. Das Tatmotiv der zu geringen Vergütung hielt es für abwegig. Es ginge nicht an, dass der Kläger auf diese Weise die Stadt für sein strafbares Tun »mitverantwortlich« mache. Durch diesen Vorwurf habe er vielmehr das Ansehen seines Arbeitgebers beschädigt.

Bundesarbeitsgericht, Urteil
vom 28. 10. 2010–2 AZR 293/09

ERFOLGREICHE AUSREDE: ABMAHNUNGEN NUR LEERE DROHUNGEN

Ein Straßenreiniger kam jahrelang häufig zu spät zur Arbeit. Meist hatte er verschlafen. Ein anderes Mal gab er bei einer Verspätung von knapp vier Stunden an, er habe eine Panne mit dem Fahrrad gehabt. Einmal hatte er angeblich auch seiner Freundin helfen müssen, ihr Auto anzuschieben, das nicht angesprungen sei.

Der Straßenreiniger wurde fünfmal abgemahnt. Bereits mit der vorletzten Abmahnung wurde er »letztmals abgemahnt«. Nach der fünften, wiederum »letztmaligen« Abmahnung und einem weiteren Zuspätkommen kündigte ihm die Stadt fristlos.

Dagegen klagte der notorische Langschläfer. Er hielt die fristlose Kündigung nicht für gerechtfertigt, weil ihm nicht klar gewesen sei, dass die zweite »letztmalige« Abmahnung nun wirklich die »allerletzte« Abmahnung sein solle. Er habe aufgrund der Abmahnungspraxis seines Arbeitgebers den Eindruck gewonnen, seine Verspätungen

würden zwar missbilligt, seien aber nicht so gravierend, dass er seinen Arbeitsplatz verlieren würde.
Das Landesarbeitsgericht gab dem Kläger erstaunlicherweise recht. Eine Abmahnung könne nur dann ihre Warnfunktion erfüllen, »wenn der Arbeitnehmer diese Drohung ernst nehmen muss«. Dies könne nicht mehr der Fall sein, »wenn jahrelang die Kündigung stets nur angedroht wird«. Es handele sich dann um eine »leere« Drohung. Arbeitgeber müssten eine letzte Abmahnung vor Ausspruch einer Kündigung »besonders eindringlich gestalten, um dem Arbeitnehmer klarzumachen, dass weitere derartige Pflichtverletzungen nunmehr zum Ausspruch einer Kündigung führen werden«.

Landesarbeitsgericht Rheinland-Pfalz,
Urteil vom 23. 04. 2009–10 Sa 52/09

Gründe, die Sie nicht anführen sollten, wenn Sie gegen die Kündigung Ihres Arbeitsplatzes klagen

- »Ich muss nur für zwei Jahre in den Knast. So lange wird mir die Firma doch wohl den Arbeitsplatz freihalten können.«
- »Ich habe nicht während der Arbeit Alkohol getrunken, sondern nur in den Pausen. Am Steuer von meinem Bus würde ich das Zeug nur verschütten.«
- »Alle im Bauamt nehmen Schmiergeld.«
- »Ich habe die Woche gefehlt, weil ich von Aliens entführt wurde.«

- »Ich bin dankbar für die Kündigung. Das war der mieseste Job, den ich je hatte. Aber ich will eine Abfindung.«
- »Ja, ich habe die Stempeluhr manipuliert. Der Firma ist dadurch aber kein Schaden entstanden, da ich schneller arbeite als die anderen.«
- »Soll der Chef doch nicht auf meine Facebook-Seite schauen, wenn er nichts über seine Nazimethoden lesen will.«
- »Die Kündigung wegen des Drogenverkaufs auf dem Schulhof halte ich für übertrieben. Als Hausmeister verdient man nicht viel und ist auf ein Zubrot angewiesen.«

18

Faulenzia vulgaris extremica
Die Ausflüchte von Arbeitslosen

Viele Menschen leiden an ihrer Arbeitslosigkeit. Ein paar wenige genießen hingegen das Leben als Hartz-IV-Empfänger. Es könnte so schön sein, würde der Fallmanager vom Jobcenter nicht ständig Unzumutbares verlangen, wie etwa das Erscheinen im Amt oder das Schreiben von Bewerbungen. Dieses und anderes bietet mehr als genug Konfliktstoff vor den Sozialgerichten.

Kaputter Drucker

Das Jobcenter hatte einen Hartz-IV-Empfänger dazu verdonnert, im Monat mindestens vier Bewerbungen zu schreiben. Nachdem er das nicht getan hatte, kürzte das Jobcenter die Leistungen. Dagegen klagte er. Er berief sich darauf, keinen funktionsfähigen Drucker und kein Geld für einen neuen Drucker oder die Nutzung eines Copyshops zu haben.

Das Sozialgericht Stuttgart wies die Klage gegen den Absenkungsbescheid ab. Nach dessen Auffassung hätte der Kläger die Bewerbungen auch persönlich, telefonisch, handschriftlich oder per E-Mail vornehmen können.*

Sozialgericht Stuttgart, Urteil
vom 30. 11. 2012–S 14 AS 738/12

---

* Wäre der Mann konsequent geblieben, hätte er aufgrund des kaputten Druckers auch keine Klage an das Sozialgericht schicken dürfen.

Saufen als Beruf

Der Kläger war Kundenbetreuer in einer Schiffswerft. Die Geschäftsführung hatte den trinkfesten Ingenieur beauftragt, die Kunden möglichst nicht den Schiffsbau mit Argusaugen überwachen zu lassen, sondern stattdessen mit ihnen einen trinken zu gehen. Dadurch konnte die Anzahl von Mängelrügen erheblich gesenkt werden. Diese Vorgehensweise zog sich über Jahre hin. Das übermäßige Trinken blieb nicht ohne Folgen: Der Kläger wurde schwer krank.

Daraufhin begehrte er eine Berufsunfähigkeitsrente. Seine Erkrankung aufgrund des von der Geschäftsführung gewünschten Alkoholkonsums bei »Geschäftsessen« sei eine Berufskrankheit.

Das Sozialgericht Bremen wies die Klage ab. Der Ingenieur hätte die Vorgehensweise wegen der damit verbundenen Gesundheitsgefahr von vornherein ablehnen müssen. Sein späteres Alkoholleiden sei daher nicht als Berufskrankheit zu beurteilen.

Sozialgericht Bremen, Urteil
vom 28.06.1996–S 18 U 186/95

Kondome vom Sozialamt

Ein Sozialhilfeempfänger beantragte in Hamburg die Bewilligung von zwölf Packungen Präservative pro Woche. Das Sozialamt lehnte dies ab, woraufhin der Mann klagte. Er versicherte, mit seiner Freundin im Durchschnitt 1,7 Mal pro Tag Sex zu haben. Er lasse sich vom Amt nicht vorschreiben, wie oft er mit seiner Freundin schlafen dürfe.

Das Oberverwaltungsgericht Hamburg wies die Klage mit folgender Begründung ab: »Legt man den vom Kläger genannten

Preis von knapp einer DM pro Kondom zugrunde, so ermöglicht ihm die gewährte Hilfe, gut 20-mal im Monat mit seiner Freundin ohne Risiko einer Empfängnis geschlechtlich zu verkehren. Unter Berücksichtigung der Tage, in denen ein Geschlechtsverkehr nicht möglich ist oder nicht gewünscht wird, kann der Kläger praktisch Tag für Tag einmal ohne Risiko den Geschlechtsverkehr ausüben. Dass eine dahingehende Beschränkung ihm nicht möglich wäre oder seine Menschenwürde verletzen oder seine partnerschaftliche Beziehung gefährden könnte, ist nicht ersichtlich, zumal seiner Freundin und ihm neben dem vaginalen Verkehr noch andere Formen befriedigender sexueller Kontakte offenstehen. Dass der Kläger möglicherweise mehr leisten will, ist unerheblich. Für das Geschlechtsleben gilt nichts anderes als für alle anderen existenziellen Lebensbedürfnisse (Essen und Trinken, Bekleidung und Unterkunft): Es ist nicht Aufgabe der Sozialhilfe, ihm eine bestmögliche, maximale Bedürfnisbefriedigung zu ermöglichen.«

Oberverwaltungsgericht Hamburg, Urteil
vom 02. 03. 1990–Bf IV 43/89

Klemmender Reißverschluss

Ein seit Jahren arbeitsloser Mann war der Einladung der ARGE – bis 2010 hieß ein Jobcenter »ARGE« (Arbeitsgemeinschaft SGB II) – zu einer Informationsveranstaltung nicht gefolgt; er gab an, der Reißverschluss seiner einzigen Hose habe geklemmt, sodass er seine Wohnung nicht habe verlassen können. Die ARGE lud ihn daraufhin zu einem Einzelgespräch über seine berufliche Situation ein. Doch er teilte an dem Tag, an dem das Gespräch stattfinden sollte, dem zuständigen Mitarbeiter der ARGE telefonisch mit, dass seine zwischenzeitlich intakt gewesene Hose wieder am Reißverschluss defekt sei und er nicht erscheinen könne. Die ARGE senkte daraufhin die Regelleistung für drei Monate um 10 Prozent ab.

Der Mann klagte vor dem Sozialgericht Koblenz gegen die Kürzung. Wegen des verklemmten Reißverschlusses habe er die Hose nicht schließen können. Es sei ihm unzumutbar gewesen, mit »offenem Hosenstall« das Arbeitsamt aufzusuchen.

Doch den defekten Reißverschluss erkannte das Sozialgericht nicht als Entschuldigung für das Schwänzen der Amtstermine an. Ein Empfänger von Hartz-IV-Leistungen ist verpflichtet, ausreichend Kleidung vorrätig zu halten, um jederzeit Termine außerhalb seiner Wohnung wahrnehmen zu können. In der konkreten Situation hätte der Kläger den defekten Reißverschluss auch durch das Tragen entsprechend langer Oberbekleidung verdecken oder den »offenen Hosenstall« durch eine Sicherheitsnadel provisorisch schließen können.

Sozialgericht Koblenz, Urteil
vom 01. 06. 2006–S 11 AS 317/05

Untertauchen auf Staatskosten

Ein Hartz-IV-Empfänger war zu einer Freiheitsstrafe von vierzehn Monaten verurteilt worden. Er trat die Strafe nicht an und tauchte unter, weshalb er mit Haftbefehl gesucht wurde. Das Sozialamt stellte daraufhin seine Zahlungen ein.

Der Flüchtige stellte einen Eilantrag beim Sozialgericht, damit das Sozialamt sein Leben im Untergrund weiter mit Hartz IV finanzierte. Den Antrag stellte er vorsichtshalber schriftlich. Die Strafe habe er wegen seines Freiheitsdranges nicht angetreten, schrieb er noch dazu.

Doch Frechheit siegt nicht immer: Das Sozialgericht ließ den gesuchten Straftäter abblitzen. Es wies ihn süffisant auf die Vollpension im Hotel mit Gitterblick hin. In der Strafhaft werde sein Lebensunterhalt vollständig gedeckt.

Sozialgericht Münster, Beschluss
vom 16. 03. 2016–S 15 SO 37/16 ER

Sex und Migräne

Erholen, Schlafen, Gymnastik, Zahnweh, Grippe, Migräne, Kunst und Sex – zu diesen Themen hatte ein ALG-II-Empfänger eine sogenannte Mottoliste verfasst, die er seinen Bewerbungen beilegte. Die Arbeitsagentur war der Ansicht, der Arbeitslose wolle damit eine Einstellung von vornherein verhindern, und untersagte ihm, diese Listen weiter an potenzielle Arbeitgeber zu schicken.

Dagegen klagte der erklärte Freund der Mottologie. Er führte an, dass Bewerbungsverfahren »dem Ziel einer möglichst optimalen Stellenbesetzung« dienen würden. Daher sei eine Bewerbung nicht belohnungsorientiert, sondern authentisch abzufassen. Dazu gehöre für ihn die Beifügung der Mottoliste. Insoweit berufe er sich auch auf seine Grundrechte. (Er meinte Artikel 4 des Grundgesetzes: Religions-, Weltanschauungs- und Gewissensfreiheit.)

Das Landessozialgericht Hamburg dagegen hielt die Anweisung der Arbeitsagentur für rechtmäßig, da die Bewerbungsunterlagen mit der Mottoliste »nicht geeignet sind, eine erfolgreiche Bewerbung zu unterstützen, sondern diese vielmehr mit hoher Wahrscheinlichkeit verhindern werden«. Das ergebe sich »daraus, dass es den Üblichkeiten von Bewerbungsverfahren offensichtlich widerspricht, Darlegungen über die innersten Einstellungen und Anschauungen zu Sexualität und Geistes- bzw. Gefühlswelt vorzulegen. Dem Leser solcher Darlegungen wird sich der Eindruck aufdrängen, dass es dem Bewerber jedenfalls nicht um die angebotene Stelle, sondern eher um das Erforschen und Umkreisen des eigenen Persönlichkeitskerns geht. Die darin liegende Manifestation des Desinteresses an der konkreten Tätigkeit und der Konzentration auf die eigene Persönlichkeit wird potenzielle Arbeitgeber nach der Lebenserfahrung abhalten, den Kläger für eine Stelle auszuwählen.«

Landessozialgericht Hamburg, Urteil
vom 16.06.2011–L 5 AS 357/10

Kostenübernahme für »Idiotentest«

Ein Hartz-IV-Empfänger hatte wegen einer Trunkenheitsfahrt mit 1,54 Promille seinen Führerschein verloren. Er forderte mit einem Eilantrag die Kostenübernahme für den sogenannten »Idiotentest« durch das Jobcenter in Höhe von 2400 Euro. Denn seinen Führerschein habe er nur wegen eines Fehlurteils der jungen Amtsrichterin verloren. Er trinke außer an Familienfeiern keinen Alkohol, leide vielmehr an Rheuma und habe sich wegen akuter Schmerzen betrunken. Es handele sich um einen einmaligen großen Fehler. Er sei wegen seines Rheumas dringend auf seinen Führerschein angewiesen, denn mit öffentlichen Verkehrsmitteln seien sein Rheumatologe und seine Kurorte nur schwer zu erreichen.

Das Sozialgericht kam dieser Forderung nicht nach. Die Kosten für die Wiedererlangung der Fahrerlaubnis seien Teil der Sanktion für die Trunkenheitsfahrt und vom Antragsteller selbst verschuldet. Auch konnte das Gericht nicht nachvollziehen, warum eine einstündige Anreise zum Arzt oder Kurort mit öffentlichen Verkehrsmitteln nicht zumutbar sei; schließlich sei dies auch Alltag von Berufspendlern.

Sozialgericht Heilbronn, Beschluss
vom 24. 09. 2014–S 10 AS 2226/14 ER

Sexuelle Entzugserscheinungen

Die thailändische Ehefrau eines arbeitslosen Kfz-Mechanikers war vor zwei Jahren in ihre Heimat gereist. Den Rückflug der Frau nach Deutschland wollte das Sozialamt nicht zahlen. Ein deswegen anhängiger Rechtsstreit war noch nicht abgeschlossen. Mit einer zweiten Klage beantragte der Ehemann, »ihm monatlich vier Besuche im Freudenhaus zur Wiederherstellung seines psychischen sowie seelischen Gleichgewichtes zu bewilligen. Pro Besuch sind circa 100 Euro für die Dame sowie 25 Euro für die Hin- und Rückfahrt zu bezahlen«. Außerdem forderte der Mann, das Amt solle »die Kosten für die Leihgebühren von Pornofilmen von mindestens acht Stück pro Monat, die An- und Abfahrten zur Videothek, viermal 20 Kilometer à 0,30 Euro, sowie die Kosten für das ›Happy-Weekend-Magazin‹, seit September 2003 zum Preis von 23,30 Euro pro Monat«, erstatten und »die Kostenübernahme von Kondomen und Zewa-Wichsboxen für das Betrachten der Filme« bewilligen. Zur Begründung führte er an, dass er wegen der Weigerung der Behörden, die Rückführungskosten für seine Frau zu übernehmen, unter sexuellen Entzugserscheinungen leide, seine Ehe aber nicht gefährden wolle und daher auf die Erfüllung seiner Bedürfnisse zwingend angewiesen sei.

Das Verwaltungsgericht Ansbach wies die Klage ab. Die »geltend gemachten Begehren, soweit sie sich auf die sexuellen Bedürfnisse beziehen«, seien Kosten der »allgemeinen Lebensführung« und damit bereits vom regulären Sozialhilfesatz abgedeckt. Die geltend gemachten »Entzugserscheinungen« seien allein dem persönlichen Lebensbereich des Klägers zuzurechnen und stellten keinen sozialhilferechtlich zu bewältigenden Sonderbedarf dar.

Verwaltungsgericht Ansbach, Urteil
vom 05. 03. 2004–AN 4 K 04.00052

Verhängnisvoller Frauentausch

Eine Berlinerin hatte einen Antrag auf Wohngeld für sich und ihre beiden Kinder gestellt, welchem sie einen Mietvertrag beilegte. Während der Bearbeitung des Antrags erkannte eine Mitarbeiterin des Bezirksamtes in der Antragstellerin eine Protagonistin der RTL-2-Serie »Frauentausch«. In der entsprechenden Folge stellte die Dame ihren Vermieter als Partner vor, den sie über eine Partnervermittlung kennengelernt habe und der »ihre ganz große Liebe« sei. Daraufhin stellte das Wohngeldamt eine Nachfrage an die Produktionsfirma dieser Sendung. Die Firma antwortete, während der Dreharbeiten und zuvor im Casting seien der Vermieter und die Mieterin als Paar aufgetreten. Der Antrag auf Wohngeld wurde daraufhin vom Amt abgelehnt.

Dagegen klagte die 48-Jährige. Sie führte zur Begründung aus, sie sei mit dem Vermieter nur befreundet und würde mit ihm keinesfalls in einer eheähnlichen Gemeinschaft leben, sondern allenfalls eine Wohngemeinschaft bilden. Beim Casting und während der Dreharbeiten habe man lediglich so getan, als sei man ein Liebespaar.

Für die Verwaltungsrichter war der Fall klar, nachdem sie sich die »Frauentausch«-Folge angesehen hatten. In dieser war zu erkennen, dass die Antragstellerin mit dem Vermieter als Paar und nicht als Mitbewohner zusammenlebte. Der Antrag auf Wohngeld sei missbräuchlich, weil eine eheähnliche Lebensgemeinschaft vorliege und daher die Vorlage des Mietvertrages als konstruiert anzusehen sei, um Wohngeld als Mietzuschuss zu erhalten.*

Verwaltungsgericht Berlin, Urteil
vom 08.09.2015–21 K 285.14

Kleine Brüste sind keine Krankheit

Die Klägerin hatte sich vor 30 Jahren die Brüste vergrößern lassen. Inzwischen hatte sich eine schmerzhafte Kapselfibrose gebildet, weshalb die alten Implantate entfernt werden sollten. Die Kosten dafür wollte die Krankenkasse übernehmen, nicht aber diejenigen für neue Implantate.

Die Frau erhob Klage auf Kostenübernahme der Brustimplantate. Vor der Brust-OP 1976 habe sie unter ihren zu kleinen Brüsten gelitten, wodurch es zu einer Depression gekommen sei. Damals sei ihr als Behandlung dieser Depression zur Brustvergrößerung geraten worden. Tatsächlich sei ihre Depression nach der Brust-OP verschwunden. Nach Entfernung der alten Implantate würde sie jetzt aber nur noch Körbchengröße A haben und wieder in eine Depression verfallen.

Das Sozialgericht Koblenz wies die Klage ab. Bei Körbchengröße A handele es sich nicht um eine behandlungsbedürftige

* Merke: Wer die Behörden behumsen will, sollte das besser nicht vor laufenden Fernsehkameras tun.

Krankheit, sondern um eine normale – wenn auch kleine – Brust. Allein dass die Klägerin das subjektiv anders empfinde, begründe objektiv keinen Krankheitswert.

Sozialgericht Koblenz, Urteil
vom 18. 05. 2006–S 11 KR 467/05

ERFOLGREICHE AUSREDE: ERBSCHAFT IM STRIPCLUB VERPRASST

Der Kläger bezog Hartz IV und erbte dann 16 000 Euro. Von dem Geld bestritt er ein paar Monate seinen Lebensunterhalt, gab es nach eigenen Angaben aber auch für Tänzerinnen in Nachtklubs und zum »Knüpfen von Beziehungen« aus. Als das Geld aufgebraucht war, beantragte er wieder Hartz IV, was auch bewilligt wurde. Fast zwei Jahre später schickte das Jobcenter dem Kläger jedoch einen Bescheid, in welchem ihm dargelegt wurde, dass er die Leistungen zurückzuzahlen habe. Er habe sein Vermögen ohne wichtigen Grund und grob fahrlässig gemindert. Die Ausgabe der Erbschaft unter anderem für Nachtklubtänzerinnen und Partnervermittlungen sei ein sozialwidriges Verhalten. Er habe seine Hilfebedürftigkeit grob fahrlässig oder vorsätzlich herbeigeführt.
Der Mann klagte gegen den Bescheid – und das Sozialgericht entschied zu seinen Gunsten. Dem Kläger käme ein Freibetrag in Höhe von fast 9000 Euro zugute, das sogenannte Schonvermögen. Diesen Geldbetrag habe der Mann trotz des Hartz-IV-Bezuges besitzen dürfen. Daher könne die Ausgabe dieses Betrages nicht sozialwidrig sein.

Das Schonvermögen dürfe auch durchaus im Nachtklub für Prostituierte ausgegeben werden. Ferner waren über 8000 Euro für notwendige Ausgaben wie Miete, Krankenversicherung und sonstige Lebenshaltungskosten für den entsprechenden Zeitraum anzurechnen. Die Ausgabe des gesamten Erbschaftsbetrages war in den Augen des Gerichts folglich rechtmäßig.

Sozialgericht Heilbronn, Urteil
vom 24.07.2014 – S 9 AS 217/12

Gründe, die Sie nicht anführen sollten, wenn Sie das Jobcenter verklagen

- »Ich habe meinen Job gekündigt, um bei einer Indie-Band mitzuspielen.«
- »Vor neun Uhr aufstehen und arbeiten gehen geht gar nicht.«
- »Ich kann nicht arbeiten gehen, weil ich auf meinen Kampfhund aufpassen muss.«
- »Für die paar Euro mehr gehe ich doch nicht arbeiten.«
- »Ich will mich nicht bewerben müssen. Wahres Talent wird entdeckt.«
- »Ich leide an einer *Faulenzia vulgaris extremica* und bin daher dauerhaft erwerbsunfähig.«
- »Ich konnte nicht zum Vorstellungstermin gehen, da ich zu der Zeit immer schwarzarbeite.«
- »Keine der vom Jobcenter angebotenen Stellen hat der schöpferischen Weite meines Geistes, meinen überragenden fachlichen Qualifikationen und meinen persönlichen Vorlieben entsprochen.«

19

Die geheime Ufo-Akte des Bundestages
Skurrile Klagen vor dem Verwaltungsgericht

Den Papierkrieg mit Behörden kennt jeder. Mal stellt man erfolglos Anträge, mal bekommt man ein Verbot erteilt. Bei den Ämtern beißen viele Bürger auf Granit. Frustriert rufen sie das Verwaltungsgericht an und hoffen, durch eine vermeintlich stichhaltige Begründung zu ihrem Recht zu kommen.

Die Vernichtung der Erde

Eine Frau stellte Eilantrag darauf, die Bundesrepublik Deutschland zu verpflichten, gegen eine Versuchsreihe im Kernforschungszentrum im schweizerischen Genf einzuschreiten. Durch die geplanten Experimente drohe eine Katastrophe apokalyptischen Ausmaßes. Der dort betriebene Photonenbeschleuniger könne »Schwarze Löcher« erzeugen. Diese würden in Richtung Sonne fliegen. Die »Schwarzen Löcher« würden wachsen und zur Vernichtung der Sonne führen. Die Sonnenvernichtung hätte zwangsläufig den Tod allen irdischen Lebens zur Folge.

Das Bundesverfassungsgericht war von solch einer realen Gefährdung nicht überzeugt. Von Untergangsszenarien unbeeindruckt stellte das Gericht fest: »Die Größe eines vermeintlichen Schadens – hier die Vernichtung der Erde – erlaubt keinen Verzicht auf die Darlegung, dass ein wenigstens hypothetisch denkbarer Zusammenhang zwischen der Versuchsreihe und dem Schadensereignis besteht.« Die Hüter der Verfassung waren also nicht von einer ernsthaften Gefahr durch die Versuche im Kernforschungszentrum überzeugt.

Bundesverfassungsgericht, Beschluss
vom 18.02.2010–2 BvR 2502/08

Verein für zwischenmenschliche Beziehungen

Einem Zuhälter war der Betrieb eines Bordells verboten worden. Daraufhin gründete er einen »Verein für zwischenmenschliche Beziehungen« mit Sitz im ehemaligen Bordell. In den Räumen würden weibliche Wochenmitglieder mit männlichen Tagesmitgliedern gegen Entgelt der gemeinsamen Meditation nachgehen. Es sei ihm nicht bekannt, ob bei Treffen der Vereinsmitglieder auch sexuelle Handlungen vorgenommen würden.

Die Behörde untersagte eine solche Nutzung des Gebäudes, weil sie dahinter einen Bordellbetrieb vermutete. Dagegen klagte der Betreiber.

Erfolglos: Der Verwaltungsgerichtshof sah in der Vereinstätigkeit den untauglichen Versuch, das Verbot der Nutzung als Bordell durch eine andere Bezeichnung zu umgehen. Nach den Feststellungen der Polizei betrieben als »Wochenmitglieder« des »Vereins für zwischenmenschliche Beziehungen« bezeichnete Damen – es handelte sich um Prostituierte mit Gesundheitszeugnissen – in den Arbeitszimmern gegen ein vereinbartes Entgelt mit den als »Tagesmitglieder« bezeichneten männlichen Gästen »gemeinsame Meditationen«. Dass es dabei nicht bei »sinnenden Betrachtungen« blieb, ergab sich für das Gericht aus den Schriftsätzen des Antragstellers selbst, nach denen »auch der Austausch von Intimitäten nicht verwehrt werden« solle. Seine Einlassung, ihm sei nicht bekannt, ob bei Treffen der Vereinsmitglieder sexuelle Handlungen vorgenommen würden, könne deshalb nicht ernst gemeint sein.

Verwaltungsgerichtshof Baden-Württemberg,
Beschluss vom 08.06.1999–8 S 1320/99

Vaterfreuden im Gefängnis

Ein Iraker klagte gegen die Ablehnung seines Asylantrags. Zu seinen Fluchtgründen trug er vor, er sei Soldat gewesen und habe während eines Streits einem Hauptmann die Mütze vom Kopf geschlagen. Deshalb sei er zu einer lebenslangen Haft verurteilt worden. Nach fünf Jahren Gefängnis habe er erstmals Ausgang bekommen. Den habe er zu seiner Flucht nach Deutschland genutzt. Im Fall seiner Rückkehr befürchte der Soldat, dass er wegen seiner Flucht aus dem Gefängnis hingerichtet werde.

Das Verwaltungsgericht Augsburg hielt die angebliche Verurteilung zu lebenslänglicher Haft für wahrheitswidrig. Neben widersprüchlichen Zeitangaben sprach gegen eine lebenslängliche Verurteilung auch, dass nach den Geburtsdaten drei seiner insgesamt vier Kinder während der Haftzeit gezeugt worden sein müssten. Die Erklärung des Klägers, wonach es ihm mithilfe von Bestechungsgeldern möglich gewesen sei, mit seiner Frau innerhalb des Gefängnisses allein zu sein, wertete das Gericht als Ausrede.

Verwaltungsgericht Augsburg, Urteil
vom 28.02.2002–Au 8 K 01.30766

Teurer Brand

Ein Mann arbeitete in einer Garage an einem Opel Corsa. Die Garage befand sich im Erdgeschoss eines Mehrfamilienhauses. Während der Arbeit geriet der Pkw in Brand. Die Feuerwehr rückte mit 25 Einsatzkräften an und war vier Stunden im Einsatz. Später kamen weitere Einsatzkräfte zur Errichtung einer Ölsperre hinzu.

Aus allen Wolken fiel der Hobbybastler, als er einen Kostenbescheid für den Feuerwehreinsatz über 12 000 Euro erhielt. Dagegen klagte er.

Das Auto seines Schwiegervaters habe verschrottet werden sollen, gab er an. Er habe das restliche Benzin für sich selbst nutzen wollen. In der Fernsehserie »Die Ludolfs« habe er das Anbohren eines Tanks gesehen. Das habe er nachgemacht, wodurch es unvorhersehbar zu dem Brand gekommen sei. Bei den »Ludolfs« habe es schließlich nie gebrannt.

Das Verwaltungsgericht Regensburg wertete das Anbohren des Tanks als grob fahrlässig. Ein Tank dürfe nach Aussage zweier sachverständiger Zeugen nicht mit einer Bohrmaschine angebohrt werden, da solche Motoren Funken bilden könnten und wegen der Dämpfe des auslaufenden Benzins zwangsläufig mit einer Verpuffung gerechnet werden müsse. Dass der Mann ein folgenloses Anbohren von Tanks in einer Fernsehserie gesehen habe, entlaste ihn nicht.

Der Hobbybastler blieb auf den Feuerwehrkosten sitzen.

Verwaltungsgericht Regensburg, Urteil
vom 16.06.2014 – RO 4 K 13.1583

Verbotene Liebe

Eine Wohnungsinhaberin wurde zur Zahlung von Rundfunkgebühren herangezogen. Dagegen klagte sie.

Zur Begründung führte sie aus, die Bescheide verletzten sie »intensiv« in ihren Rechten. Programme wie die ARD-Serie »Verbotene Liebe« seien ekelhaft und widerliche öffentliche Ausstellungen von Ehebruch, Homosexualität und Unzucht. Solche Fernsehprogramme verstießen gegen biblische Gesetze wie Levitikus 18 und 20; 1. Korinther 6,9–10 und Epheser 5,3–7; sie verletzten ihre sittlichen und religiösen Überzeugungen. Mit der Finanzierung der öffentlich-rechtlichen Rundfunkanstalten würden sie direkt gegen Gottes Gesetze verstoßen. Diese gezwungene Teilnahme beraube sie ihres Rechts auf ungestörte Religionsausübung gemäß Art. 4 GG.

Das Verwaltungsgericht Ansbach wies die Klage ab. Die Rundfunkbeitragspflicht bestehe unabhängig davon, ob die Klägerin das Rundfunk- und Fernsehangebot nutze. Auch in ihr Grundrecht der Glaubens- und Gewissensfreiheit werde nicht eingegriffen, denn es bleibe der Klägerin ja unbenommen, sich Sendungen wie »Verbotene Liebe« nicht anzusehen.

Verwaltungsgericht Ansbach, Urteil
vom 01. 10. 2015–AN 6 K 15.00898

Unzuverlässig trotz Ausreden

Einem Gastronomen war die Gaststättenerlaubnis wegen Unzuverlässigkeit entzogen worden. Er hatte unter anderem mehrfach die Sperrzeit nicht eingehalten und Alkohol an Jugendliche ausgeschenkt. Sein Lokal wurde geschlossen, wogegen er Klage erhob. Dass sich bei einer Polizeikontrolle innerhalb der Sperrzeit immer noch sieben Personen in dem Lokal aufgehalten hatten, begründete er damit, dies seien nur Angestellte, die noch austrinken würden. In einem anderen, ähnlichen Fall seien es seine Cousins gewesen, die quasi privat vor Ort gewesen seien. Zum ihm vorgeworfenen Ausschank von Alkohol an Jugendliche sei es gekommen, weil er an dem besagten Wochenende nicht alle Ausweise der Gäste habe prüfen können, da er mit einer Aushilfe habe arbeiten müssen. Immerhin habe er seine Mitarbeiter angewiesen, keinen Alkohol an Jugendliche zu verkaufen. Auch könne man Jugendlichen oftmals das Alter nicht ansehen, und nicht alle Gäste hätten ihre Personalpapiere dabeigehabt.

Das Verwaltungsgericht hielt den Kläger für unzuverlässig und wies seine Klage ab. Seine Angaben zeigten, dass er die Gesetzesverstöße bagatellisiere; stets habe er eine Ausrede parat, um Gesetzesübertretungen in einem milden Licht erscheinen zu lassen. Seine Angaben belegten, dass er dazu neige, sich nicht an die gesetzlichen Vorgaben zu halten.

Verwaltungsgericht Neustadt,
Beschluss vom 09.03.2009–4 L 100/09. NW

Hundekot als Fetisch

Ein Mann hielt auf einem Aussiedlerhof elf Deutsche Doggen. Der Amtstierärztin schlug beim Betreten des Hauses ein beißender Ammoniakgeruch entgegen: Die Räume des Hofes waren zum Teil massiv durch Hundekot und -urin verschmutzt. Unter anderem war Hundekot in Plastiktüten, Eimern und Badewannen gesammelt worden und in Küche und Flur am Boden festgetreten. Daraufhin untersagte der Landkreis dem Hundehalter das Halten und Betreuen von Tieren jeglicher Art. Dagegen erhob dieser Klage.

Zur Begründung führte der Kläger an, der Hundekot sei für ihn ein Fetisch, der ihm als Stimulus bei der sexuellen Erregung und Befriedigung diene. Der Hundehalter brauchte den Fäkaliengeruch offenbar wie andere Männer das Anschauen von Pornos.

Die Klage wurde trotzdem abgewiesen. Das Verbot, so die Koblenzer Richter, sei rechtmäßig. Der Kläger sei offensichtlich nicht in der Lage, eine tierschutzgerechte Tierhaltung zu gewährleisten. Soweit der Kläger vorbringe, er benötige den von ihm gesammelten Hundekot als Fetisch zur sexuellen Stimulation, berechtige ihn dies dennoch nicht, seinen Hunden durch die durch die Kotlagerung entstehende Schadstoffbelastung der Luft Schaden zuzufügen. Derartige Fäkalienmengen führten zu einer massiven Belastung der Atemluft und seien insbesondere für die sehr geruchsempfindlichen Hunde schädlich.

Verwaltungsgericht Koblenz, Urteil
vom 06. 07. 2016–2 K 30/16. KO

ERFOLGREICHE AUSREDE: DIE GEHEIME UFO-AKTE DES BUNDESTAGES

Frank R. ist Verwaltungsangestellter und ein sogenannter Ufologe. Seit seiner Jugend ist er an Science-Fiction interessiert und glaubt an die Existenz außerirdischen Lebens. Er erfuhr von einem Dossier des Wissenschaftlichen Dienstes des Bundestages mit dem Titel »Die Suche nach außerirdischem Leben und die Umsetzung der UN-Resolution zur Beobachtung unidentifizierter Flugobjekte (UFOS) und extraterrestrischer Lebensformen«. Er war nun davon überzeugt, dass Regierungskreise über die

Existenz von Ufos informiert waren, dies aber der Bevölkerung nicht mitteilten. Also beantragte er Akteneinsicht. Der Bundestag lehnte diese ab. Das Informationsfreiheitsgesetz, das grundsätzlich jedermann gegenüber Bundesbehörden einen Anspruch auf Zugang zu amtlichen Informationen gewährt, sei hier nicht anwendbar, weil die Unterlagen nur für den internen Gebrauch der Parlamentarier bestimmt seien.

Der Ufologe klagte. Das Oberverwaltungsgericht schloss sich der Rechtsauffassung des Bundestages an und wies die Klage in zweiter Instanz ab. Aber das Bundesverwaltungsgericht sah es schließlich anders. Nach seiner Auffassung ist der Deutsche Bundestag, soweit es um Gutachten und sonstige Zuarbeiten der Wissenschaftlichen Dienste geht, eine informationspflichtige Behörde. Er nehme in dieser Hinsicht Verwaltungsaufgaben wahr. An dieser rechtlichen Einordnung ändere sich nichts dadurch, dass die Abgeordneten diese Unterlagen für ihre parlamentarischen Tätigkeiten nutzten, auf die an sich das Informationsfreiheitsgesetz keine Anwendung finde. Das Urheberrecht stehe weder der Einsicht in diese Unterlagen noch der Anfertigung einer Kopie entgegen. Der Ufologe durfte das Dossier also schließlich einsehen.

In der Sache lieferte das Gutachten übrigens keine neuen Erkenntnisse. Die Landung Außerirdischer auf dem Territorium der Bundesrepublik Deutschland konnte weder bestätigt noch ausgeschlossen werden.

Bundesverwaltungsgericht, Urteil
vom 25.06.2015–7 C 2/14

Gründe, die Sie nicht anführen sollten, wenn Sie eine Behörde verklagen

- »Meine Untätigkeitsklage ist begründet, denn diese Formularficker haben über meinen Antrag in drei Wochen nicht entschieden.«
- »Ziel meiner Verpflichtungsklage ist, dass alle Mitarbeiter des Rathauses wegen Inkompetenz entlassen werden.«
- »Mein Haus ist kein Schwarzbau. Es ist rot gestrichen.«
- »Nur weil ich wegen Landfriedensbruch, Körperverletzung, Verwenden von Nazisymbolen und Zünden von Pyrotechnik vorbestraft bin, kann mir die Polizei kein Stadionverbot erteilen.«
- »In meinem Trinkverhalten bin ich sehr zuverlässig und will deshalb die Gaststättenerlaubnis zurück.«
- »Ich verlange die Umbenennung der ›Reeperbahn‹, weil durch den Namen meine Adresse in einen anstößigen Zusammenhang gebracht wird.«
- »Ich hatte keine Lust auf weiteren Bürokratismus. Deshalb habe ich keinen Widerspruch bei der Behörde eingelegt, sondern gleich Klage erhoben.«
- »Gegen das Verbot des Baus einer Sandburg gehe ich bis zum Bundesverfassungsgericht.«

20

»Das Finanzamt bummelt auch«
Notlügen vorm Finanzgericht

Steuern sind nichts anderes als der Diebstahl ihres schwer erarbeiteten Einkommens – so empfindet das jedenfalls eine Reihe von Bürgern dieses Landes. Steuererklärungen abzugeben ist lästig und führt nicht selten zu hohen Nachforderungen des Finanzamtes. Deshalb drücken sich viele um die Abgabe der Steuererklärung oder geben nur steuerfreie Einkünfte an. Das hindert das Finanzamt nicht an den gefürchteten Steuerschätzungen. Mancher versucht dann, das Finanzgericht mit einer Ausrede von deren Unzulässigkeit zu überzeugen.

Steuersparmodell Hexenverbrennung

Ein Fabrikant weigerte sich, für seine Arbeitnehmer Kirchensteuer einzubehalten und an das Finanzamt abzuführen, weil eine seiner Vorfahrinnen 1664 auf kirchliches Anraten auf dem Scheiterhaufen verbrannt wurde. Die Erinnerung an diese mehr als unmenschliche Behandlung im Glaubenswahn dieser Religionsgemeinschaften mache es ihm als direktem Nachfolger subjektiv unmöglich, der Kirche dabei zu helfen, sich weiter zu bereichern. Der Unternehmer stellte den Antrag, ihn bis auf Weiteres von dem »aufgezwungenen Inkassodienst für kriminell tätig gewesene Religionsgesellschaften, hier speziell (die) römisch-katholische und (die) evangelische Religionsgesellschaft«, freizustellen.

Die Klage hatte keinen Erfolg. Das Finanzgericht verneinte zunächst die Frage, ob es sich bei Kirchen um kriminelle Vereinigungen handelt: »Weder die römisch-katholische noch die evangelische Kirche sind kriminelle Vereinigungen i. S. der §§ 129, 129a StGB, deren Gründung und Unterstützung in diesen Vorschriften unter Strafe gestellt wird. Dies schon deshalb nicht, weil ihr Zweck oder ihre Tätigkeit nicht darauf gerichtet ist, Straftaten oder Verbrechen wie Mord, Totschlag oder Völkermord zu begehen.«

Die Kirchen seien auch nicht für den Tod der vor über 250 Jahren verbrannten Frau verantwortlich – zumindest nicht im juristischen Sinne. Denn »die Vorfahrin des Klägers (wurde) nicht von der oder den Kirchen, sondern von der weltlichen Justiz eines Teilstaates des damaligen ›Heiligen Römischen Reiches‹ als ›Hexe‹ öffentlich verbrannt (…). Weder die Kirchen noch der Freistaat Bayern noch die BRD sind unmittelbare Rechtsnachfolger der damaligen staatlichen Institutionen, die das Urteil gegen die Vorfahrin des Klägers ausgesprochen und vollstreckt haben.«

Finanzgericht München, Urteil
vom 21. 08. 1989–13 K 2047/89

Phobie gegen amtliche Schreiben

Eine Frau wurde vom Finanzamt aufgefordert, innerhalb von zwei Wochen Nachweise über die Fortdauer oder das Ende der Schulausbildung ihrer Tochter und eine Erklärung zu deren Einkünften und Bezügen vorzulegen. Dabei wurde sie explizit darauf hingewiesen, dass kein Kindergeld mehr für die Tochter gezahlt werde, wenn innerhalb der genannten Frist keine Antwort auf diese Anfrage erfolge.

Nachdem auf das Schreiben des Finanzamts keine Reaktion erfolgte, wurde in einem Bescheid die Kindergeldfestsetzung aufgehoben und das seit dem achtzehnten Lebensjahr bereits gezahlte Kindergeld in Höhe von insgesamt 2926 Euro zurück gefordert. Gegen diesen Bescheid legte die Mutter Einspruch ein und sandte ein Abiturzeugnis der Tochter mit. Daraufhin teilte das beklagte Finanzamt ihr mit, dieser Einspruch sei verspätet erfolgt.

Die Klägerin antwortete darauf, dass sie sich die Tatsache, die geforderten Nachweise nicht früher vorgelegt zu haben, nur mit einer Phobie gegen amtliche Schreiben erklären könne. Ihr seien schon viele finanzielle Nachteile dadurch entstanden, dass sie amtliche Schreiben einfach nicht geöffnet, sondern liegen gelassen bzw. entsorgt habe, weil sie panische Angst vor dem Inhalt dieser Schreiben gehabt habe (und auch weiterhin habe). Um Angstzustände zu verhindern, lasse sie zugehende Post auf Wochen, ja sogar monatelang im Briefkasten liegen.

Der Einspruch wurde als unzulässig verworfen. Dagegen klagte die Frau und wollte erreichen, dass die Aufhebung des Kindergelds sowie die Einspruchsentscheidung aufgehoben werde. Das Finanzgericht Rheinland-Pfalz wies diese Klage als unbegründet ab und war der Ansicht, dass das Finanzamt den Einspruch in zulässiger Weise verwerfen durfte. Nach Ansicht der Richter ist eine Krankheit nur dann ein entschuldbares Hindernis, wenn es sich um eine schwere und plötzliche Erkrankung handelt, sodass der Kranke dadurch gehindert ist, seine steuerlichen Angelegenheiten selbst zu besorgen, und auch nicht in der Lage ist, sich einen Vertreter zu bestellen. Die Klägerin habe jedoch schon über einen längeren Zeitraum diese Phobie gegen amtliche Schreiben. Da es sich also nicht um eine plötzlich eingetretene Krankheit handele, sondern diese Angstzustände schon länger bestünden, wäre es ihr nach Ansicht des Gerichts möglich gewesen, einen Vertreter zu bestellen. Zudem habe die Klägerin eine volljährige Tochter im Haushalt, der es ohne Weiteres möglich gewesen wäre, der Klägerin zu helfen.

Finanzgericht Rheinland-Pfalz, Urteil
vom 23.04.2008–1 K 2525/07

Reparaturanfällige Tachos

Ein Mann betrieb in Hamburg ein Taxiunternehmen mit fünf Fahrzeugen. Für die Streitjahre gab er jeweils Umsätze in Höhe von 120000 Euro und einen jährlichen Gewinn von rund 20000 Euro an. Diese Angaben führten dazu, dass bei dem Mann, der verheiratet war und drei Kinder hatte, die Einkommensteuer auf null festgesetzt wurde. Nachdem eine bei ihm durchgeführte Betriebsprüfung verschiedene Beanstandungen – unter anderem fehlende Schichtzettel und auffallend niedrige Laufleistungen der Fahrzeuge – ergeben hatte, erließ das Finanzamt für die Jahre 2004 bis 2006 geänderte Einkommensteuerbescheide, die zu einer Steuernachzahlung von insgesamt 114000 Euro führten. Unter anderem legte das Finanzamt seiner Schätzung eine durchschnittliche tatsächliche Laufleistung pro Taxe und Jahr von 55000 Kilometern zugrunde statt der vom Betreiber angegebenen unter 20000 Kilometer pro Jahr. Ein Taxi hatte sogar eine negative Laufleistung – der spätere Kilometerstand war niedriger als der frühere.

Der Taxiunternehmer erhob daraufhin Klage. Die Kilometerzählerstände seien nicht manipuliert worden, behauptete er. Einige der Taxen seien kaputt gewesen und hätten repariert werden müssen. Dabei sei der Tacho ausgetauscht worden. Rechnungen darüber könne er nicht vorlegen, da er die Auswechselung der Tachometer bei Selbsthilfewerkstätten habe machen lassen.

Das Finanzgericht Hamburg wies die Klage des Taxiunternehmers ab. Nach Auffassung des Gerichts war die vom Finanzamt praktizierte Methode der Umsatzschätzung rechtmäßig. Die teils minimalen und einmal sogar negativen Fahrleistungen wiesen laut Gericht auf Manipulationen hin. Die Erklärung des Klägers, dies sei die Folge undokumentierter Reparaturen gewesen, bei denen die Tachos ausgetauscht worden seien, hielt der Senat ebenfalls für eine Schutzbehauptung: »Nach allgemeiner Lebenserfahrung ist der Tachometer, der regelmäßig mit dem Kilometerzähler in einem Instrument kombiniert ist, kein besonders reparaturanfälliges Bauteil. Dass von insgesamt fünf Taxen innerhalb weniger Jahre bei vieren dieses Bauteil ausgetauscht werden musste, erscheint nicht glaubhaft.«

Finanzgericht Hamburg, Urteil
vom 07. 09. 2010–3 K 13/09

Das Toilettentagebuch

Dem Kläger, Betriebsprüfer des Finanzamtes, stand in den Räumen des Finanzamts ein fester Arbeitsplatz zur Verfügung. Im Streitjahr 2008 renovierte er seine Privatwohnung (vier Zimmer, Küche, Bad mit WC und Gäste-WC) und richtete sich ein häusliches Arbeitszimmer ein. Mit seiner Klage gegen das Finanzamt machte er insbesondere die Kosten für die Renovierung seines Arbeitszimmers sowie seines Gäste-WCs als Werbungskosten geltend. Nach dem von ihm geführten Toilettentagebuch nutze er die Toilette ca. neun- bis zehnmal täglich, davon acht- bis neunmal beruflich. Es ergebe sich daher eine berufliche Toilettennutzung von 73,58 Prozent.

Das Finanzgericht Stuttgart wies die Klage ab. Nach seiner

Auffassung waren weder die Aufwendungen für das Arbeitszimmer noch die Renovierungskosten für die daneben liegende Toilette Werbungskosten. Die für einen Betriebsprüfer prägenden Tätigkeiten übe er außerhalb des häuslichen Arbeitszimmers im Außendienst aus. Daher sei das Arbeitszimmer nicht der Mittelpunkt seiner beruflichen Tätigkeit. Das gelte erst recht für die Toilette. Bei dieser handele es sich nicht um einen betriebsstättenähnlichen Raum, sondern um das private Gäste-WC, das der Kläger auch während seiner Dienstzeit nutzt.

Finanzgericht Baden-Württemberg,
Urteil vom 21. 01. 2013–9 K 2096/12

Faule Prostituierte

Die Klägerin arbeitete als Prostituierte im Eros-Laufhaus an der Reeperbahn. Sie hatte dort dauerhaft ein Zimmer gemietet. Steuern zahlte sie nicht und sie gab auch keine Steuererklärungen ab. Als sich im Zuge strafrechtlicher Ermittlungen Preislisten und Quittungen über sexuelle Dienstleistungen bei ihr fanden, schätzte das Finanzamt, dass die Dame Umsätze zwischen 170 000 Euro und 320 000 Euro pro Jahr erwirtschaftete, und erließ entsprechende Steuerbescheide für Einkommen-, Umsatz- und Gewerbesteuer, dies gleich für mehrere Jahre.

Die Klägerin wandte sich an das Finanzgericht Hamburg. Die Schätzungen seien völlig überhöht. Tatsächlich habe sie nicht an fünf Tagen in der Woche gearbeitet, wie der Schätzung zugrunde gelegt worden sei, sondern nur ein- bis zweimal in der Woche. Deshalb habe sie kaum Einnahmen verzeichnet.

Die Angaben der Klägerin, nur ein- bis zweimal pro Woche gearbeitet zu haben, waren nach Ansicht des Finanzgerichts unglaubwürdig und eine Schutzbehauptung. Vielmehr habe die Klägerin dauerhaft ein Zimmer im Laufhaus angemietet, das sie sowohl im Hinblick auf ihre eigenen wirtschaftlichen Interessen als auch auf jene des Vermieters den ganz überwiegenden Teil der Woche zur Einkünfteerzielung genutzt haben dürfte.

Die Klage hatte jedoch teilweise Erfolg: Das Finanzgericht wich von der Schätzung des Finanzamtes nach unten ab und schätzte die Einkünfte der Prostituierten auf jährlich nur 85 000 Euro.

Finanzgericht Hamburg, Urteil
vom 20. 02. 2013–2 K 169/11

»Das Finanzamt bummelt auch«

Der Kläger war Inhaber einer Firma und musste eine Einkommensteuererklärung abgeben. Das Finanzamt gewährte Fristverlängerung zu ihrer Abgabe. Trotz Androhung eines Zwangsgeldes wurde die Einkommensteuererklärung zu spät abgegeben. Daraufhin setzte das Finanzamt einen Verspätungszuschlag in Höhe von 300 DM. (ca. 150 Euro) fest. Gegen diesen wehrte sich der Kläger mit der Begründung, die Auferlegung eines Verspätungszuschlags sei nur dann angemessen, wenn das Finanzamt die verspätet eingegangene Erklärung sofort und unter Zurückstellung anderer Arbeiten bearbeitet hätte.

Der Bundesfinanzhof urteilte hingegen, der Verspätungszuschlag sei rechtmäßig, weil der Kläger die Frist zur Abgabe der Einkommensteuererklärung nicht eingehalten habe. Dass der Zeitraum für die Bearbeitung der Steuererklärung durch das Finanzamt die Fristversäumnis des Klägers um fünfzehn Tage überschritt, führe nicht dazu, die Abgabe der Erklärung doch noch als rechtzeitig anzusehen. Der Steuerpflichtige habe kein an den Bearbeitungsstand des Finanzamts gekoppeltes Recht zur Nichtabgabe der Steuererklärung.

Bundesfinanzhof, Urteil
vom 26. 06. 2002 – IV R 63/00

Erpressungsgelder fürs Fremdgehen

Ein Ehemann hatte ein Verhältnis mit seiner 26 Jahre jüngeren Hausangestellten. Die Affäre musste geheim bleiben, da von seiner Ehefrau, die bereits einen Herzinfarkt erlitten hatte, jegliche Aufregung ferngehalten werden musste. Doch deren Freundin erfuhr von dem Verhältnis und drohte dem Ehebrecher, seiner Frau davon zu erzählen, wenn er nicht zahle. Da der Kläger Angst um das Leben seiner Frau hatte, zahlte er innerhalb von vier Jahren insgesamt 191 000 DM. (ca. 96 000 Euro) an die Erpresserin. Nach dem Tod seiner Frau beantragte er beim Finanzamt, die Erpressungsgelder als außergewöhnliche Belastungen gemäß § 33 EStG zu berücksichtigen.

Das Finanzamt verweigerte dies. Der Witwer erhob daraufhin Klage und begründete diese damit, er habe die Erpressungsgelder zahlen müssen, um seine herzkranke Ehefrau zu schonen. Er habe Angst gehabt, seine Frau würde bei Aufdeckung der Affäre einen erneuten Infarkt erleiden und versterben, woran er eine moralische Schuld tragen würde.

Doch der Bundesfinanzhof sah die Erpressungsgelder nicht als abziehbare außergewöhnliche Belastung. Nach seiner Meinung waren zwar die »Aufwendungen für den Kläger außergewöhnlich, denn wer ein außereheliches Verhältnis eingeht, ist üblicherweise nicht einer Erpressung ausgesetzt«. Es fehle aber an der Zwangsläufigkeit. Die Aufwendungen zur Verbergung der außerehelichen Beziehung seien schon deshalb nicht zwangsläufig im Sinne des § 33 EStG, weil sich der Betroffene auf das Verhältnis ja aus freien Stücken eingelassen habe, und zwar zu einem Zeitpunkt, zu dem der Gesundheitszustand der Ehefrau bereits labil war. Weiterhin habe der Ehemann die Möglichkeit gehabt, sich durch eine Strafanzeige der Erpressung zu entziehen. Er hätte seine außerehelichen Beziehung auch einfach seiner Frau gestehen können – dem stünde auch deren Herzkrankheit nicht entgegen. Eventuellen Gesundheitsgefahren hätte der Kläger nämlich »durch Beiziehung eines Arztes, entsprechende Medikamentierung oder Ähnliches« entgegenwirken können.

Bundesfinanzhof, Urteil
vom 18. 03. 2004–III R 31/02

Tod als stärkste Form der Berufsunfähigkeit

Ein Steuerberater verstarb mit 54 Jahren an den Folgen eines Herzinfarkts. Die Witwe verkaufte danach seine Praxis für 60 000 DM. (ca. 30 000 Euro). Gegenüber dem Finanzamt machte sie den erhöhten Freibetrag von 60 000 DM geltend, der gemäß § 16 EStG gilt, wenn der Verkauf durch die dauernd veranlasste Berufsunfähigkeit veranlasst wurde. Ihr Ehemann sei aufgrund des tödlichen Herzinfarkts berufsunfähig gewesen.

Der Bundesfinanzhof erkannte den erhöhten Freibetrag nicht an, denn die Praxis war nicht »wegen dauernder Berufsunfähigkeit«, sondern wegen des Todes des Praxisinhabers verkauft worden. Es sei nicht möglich, den Tod eines Steuerpflichtigen als »dauernde Berufsunfähigkeit« im Sinne von § 16 Abs. 1 Satz 3 EStG zu werten und demgemäß den erhöhten Freibetrag abzuziehen.

Bundesfinanzhof, Urteil vom 29. 04. 1982–IV R 166/79

ERFOLGREICHE AUSREDE: »MEIN KAMPFHUND IST FRIEDLICH«

Die Kläger besaßen eine Rottweilerhündin namens Mona. Die Gemeinde Bad Kohlgrub erhebt für einen »normalen« Pfotenkumpel eine Hundesteuer von jährlich 75 Euro. Für einen Kampfhund der gelisteten Rassen erhebt die Gemeinde dagegen eine Jahressteuer von 2000 Euro.

Gegen diese Hundesteuer erhoben die Halter des Hundes Klage. Mona sei friedlich und nicht als Kampfhund zu behandeln. Ein sogenannter Kampfhund stehe, wenn er in einem gutachterlichen Wesenstest als gutartig, wesensfest und nicht aggressiv beurteilt werde, einem »normalen« Hund gleich. Mona sei deshalb fiskalisch wie ein normaler Hund zu behandeln.

Das Bundesverwaltungsgericht gab der Klage statt. Eine erhöhte Steuer für Kampfhunde der gelisteten Rassen sei zwar zulässig, die Steuer dürfe aber nicht so hoch festgesetzt werden, dass ihr eine »erdrosselnde Wirkung« zukomme, sie also faktisch in ein Verbot der Kampfhundehaltung umschlage. Und als solche wirke das 26-Fache des Hundesteuersatzes für einen normalen Hund nun einmal. Für eine solche faktische Verbotsregelung aber fehle der Gemeinde die Rechtsetzungskompetenz.

Bundesverwaltungsgericht, Urteil
vom 15. 10. 2014–9 C 8/13

Ausreden, die Sie nicht benutzen sollten, wenn Sie die Steuererklärung nicht abgegeben haben

- »Ich habe die Steuererklärung nicht abgegeben, weil ich nicht mit einer Rückerstattung, sondern mit einer Nachzahlung rechne.«
- »Ich bin kürzlich verstorben und daher nicht mehr zur Steuerzahlung verpflichtet.«
- »Ich lehne die Steuergesetzgebung Deutschlands ab.«
- »Ich habe schon mal Steuern gezahlt und es hat mir nicht gefallen.«
- »Bitte streichen Sie mich aus Ihrer Kundenliste. Ich bin an Ihrem Steuerdienst nicht interessiert.«
- »Das Zahlen von Steuern ist freiwillig.«
- »Ich hatte Angst, dass, wenn ich die Steuererklärung abgebe, auffallen würde, dass ich für die beiden Jahre davor keine Steuererklärung abgegeben habe.«
- »Ich rechne nicht mit einer so hohen Rückerstattung, dass sich der Aufwand einer Steuererklärung für mich lohnt.«
- »Ich wollte erst die Steuerreform der Bundesregierung abwarten.«

21

Null Bock auf Lernen
Schul- und Prüfungsrecht

Wenn man bei einer Prüfung durchfällt oder – schlimmer noch – beim Schummeln erwischt wird, erscheint eine Ausrede oft als letzter Rettungsanker.

Gekaufte Examenshausarbeit

Eine Jurastudentin hatte den schriftlichen Teil des ersten Staatsexamens, der aus einer Hausarbeit und fünf Klausuren bestand, absolviert.

Die Staatsanwaltschaft Aachen wandte sich an das Justizprüfungsamt und teilte folgenden Sachverhalt mit: Im Rahmen eines Ermittlungsverfahrens gegen die Studentin und ihren Ehemann wegen Verstoßes gegen das Arzneimittelgesetz war der Computer des Ehemanns beschlagnahmt worden. Obwohl die Festplatte kurz vor der Durchsuchung gelöscht worden war, konnte der abgespeicherte E-Mail-Verkehr durch das Landeskriminalamt rekonstruiert werden. Bei der Auswertung stellte man fest, dass der Ehemann der Klägerin bei einer Ghostwriting-Firma die Anfertigung einer Examenshausarbeit in Auftrag gegeben hatte. Für eine Lösungsskizze und ein Gutachten hatte er 2000 Euro bezahlt.

Das Justizprüfungsamt sah in der Inanspruchnahme eines Ghostwriters den besonders schweren Fall eines Täuschungsversuchs. Es erklärte die Prüfung für nicht bestanden und schloss die Klägerin zugleich von der Wiederholungsprüfung aus.

Daraufhin meldete sich der Ehemann der Klägerin und erklärte, er habe das Gutachten ohne Wissen seiner Ehefrau in Auftrag gegeben, in der Annahme, dass sie, die wegen des Examens Versagensängste gehabt habe, es gebrauchen könne. Er habe seiner Frau das Gutachten jedoch nicht gezeigt, weil diese schon vorsichtige Versuche seinerseits, das Thema zu besprechen, von sich gewiesen habe. Seine Frau wisse bis zum gegenwärtigen Zeitpunkt nichts von seinem Kontakt zu der Firma und dem erstellten Gutachten.

Dummerweise ergab ein Vergleich der Hausarbeit mit dem »gekauften« Gutachten eine Vielzahl von Übereinstimmungen. Die Klägerin hatte das Gutachten also sehr wohl bei der Anfertigung ihrer Hausarbeit benutzt.

Auch das Verwaltungsgericht Köln sah in der gekauften Examenshausarbeit einen besonders schweren Täuschungsversuch und wies die Klage ab.

Verwaltungsgericht Köln, Urteil
vom 15. 12. 2005–6 K 6285/04

Lehrerin hat Spickzettel gesehen

Eine Schülerin besuchte die elfte Klasse eines Gymnasiums. Während einer Mathematikklausur fand die Lehrerin bei ihr einen DIN-A4-großen Spickzettel mit Formeln und Lösungen für die Prüfung. Er ragte um acht Zentimeter aus dem DIN-A5-Hausaufgabenheft heraus, sodass der Text gut zu lesen war. Die Klausur wurde deshalb mit der Note Sechs bewertet, in Mathematik sowie in Physik bekam die Schülerin im Zeugnis eine Fünf. Weil sie bereits einmal sitzen geblieben war, musste sie daraufhin das Gymnasium verlassen.

Die Schülerin stellte einen Eilantrag dagegen, um die zwölfte Klasse doch noch besuchen zu dürfen. Zur Begründung trug sie vor, die Benotung im Fach Mathematik, insbesondere die Einzelnote der Klausur wegen angeblichen Versuchs des Unterschleifs, sei rechtswidrig. Die Fachlehrerin habe gegenüber den Eltern der Antragstellerin mehrfach erklärt, sie habe das Heft, aus dem ein Formelblatt herausragte, bereits beim Austeilen der Schulaufgabe auf dem Tisch der Schülerin liegen sehen. Es stelle eine gravierende pädagogische Fehlentscheidung dar, dass sie von der Lehrerin nicht gleich zu Beginn der Arbeit aufgefordert worden sei, das Heft wegzupacken. Die Tatsache, dass die Lehrerin die Antragstellerin stattdessen habe »ins Messer laufen lassen«, sei als Verstoß gegen Art. 59 Abs. 2 BayEUG zu sehen – mit der Folge, dass die erteilte Klausurnote (und damit auch die Zeugnisnote) rechtswidrig sei.

Die Lehrerin sagte aus, sie habe vor Beginn der Arbeit die Schüler angewiesen, alle Unterlagen, die mit Mathematik zu tun hätten, wegzuräumen. Den Spickzettel habe sie zu diesem Zeitpunkt nicht gesehen.

Das Verwaltungsgericht München sah in dem gut lesbaren Spickzettel einen Täuschungsversuch und wies den Antrag der Schülerin zurück. Es komme nicht darauf an, ob die Lehrerin unerlaubte Hilfsmittel zu Beginn einer Aufgabe sieht oder sehen könnte. Selbst wenn eine Lehrerin zu Beginn einer Schulaufgabe ein Heft mit einem herausragenden Zettel sehen sollte, könne es nicht ihre Aufgabe sein, den betroffenen Schüler gesondert zur Entfernung des Hefts oder Zettels aufzufordern. Insoweit genüge es, allgemein die Entfernung aller mit dem Fach zusammenhängender Unterlagen zu verlangen. Dies habe die Lehrerin getan.

Würde etwas anderes gelten, würde dadurch die Eigenverantwortlichkeit der Schüler in nicht zu vertretender Weise hintangestellt. Es wäre eine Umkehrung der Verantwortlichkeiten, den Lehrer dazu verpflichtet zu sehen, jeden einzelnen Schülerplatz hinsichtlich möglicher Spickzettel zu inspizieren.

Verwaltungsgericht München, Beschluss
vom 13. 09. 2002–M 3 E 02.4198

Spickzettel aufgegessen

Ein BWL-Student schrieb im Rahmen der Diplomprüfung eine Klausur. Kurz vor Abgabe bemerkte die Prüfungsaufsicht, dass er in seiner Hand ein klein gefaltetes Papierblatt mit Notizen hielt. Die Aufsicht forderte ihn auf, den Spickzettel herauszugeben. Nach kurzer Diskussion nahm der Student den Spickzettel in den Mund und aß ihn vor den Augen seiner Kommilitonen auf. Die Aufsicht notierte einen Täuschungsversuch im Prüfungsprotokoll.

Gegenüber der Studienamtsleiterin äußerte sich der Prüfling, er habe keinen Spickzettel bei sich gehabt, sondern sich nur über den Mund gewischt. Die Prüfungskommission stufte dies als Schutzbehauptung ein und bewertete die Klausur mit »nicht ausreichend«.

Acht Monate nach der Prüfung erhob der Student Klage. Der Vorwurf, er habe den Spickzettel aufgegessen, entspreche in keiner Weise den Tatsachen. Er habe sich lediglich einen Kaugummi in den Mund geschoben. Es gebe keinerlei Beweismittel, dass er zu irgendeinem Zeitpunkt einen Spickzettel besessen habe.

Das Verwaltungsgericht Augsburg war nach der Zeugenvernehmung der Prüfungsaufsicht jedoch der Überzeugung, dass der Student durch den Besitz eines Spickzettels eine Täuschung begangen hatte und die Klausur zu Recht mit »nicht ausreichend«

bewertet worden war. Die »Kaugummiversion« sei eine Schutzbehauptung, ebenso sei es auffällig, dass sie erstmals bei Klageeinreichung – also acht Monate nach der Prüfung – vorgebracht worden sei, während der Kläger unmittelbar nach der Prüfung noch behauptet hatte, sich nur über den Mund gewischt zu haben.

Verwaltungsgericht Augsburg, Urteil
vom 20. 09. 2001 – Au K 00.1227

Sonderwunsch unliniertes Papier

Ein Kriminalkommissaranwärter wurde zur Laufbahnprüfung für den gehobenen Polizeivollzugsdienst zugelassen. Für die schriftliche Prüfung wurde generell liniertes Papier ausgehändigt. Er aber wollte durch eine einstweilige Anordnung erreichen, unliniertes Papier zur Verfügung gestellt zu bekommen. Zur Begründung führte er aus, dass das Schreiben einer Klausur auf liniertem Papier eine unzumutbare Beeinträchtigung der Prüfungssituation darstelle. Er schreibe seit fünfzehn Jahren ausschließlich auf unliniertem Papier; das »Umstellen« auf Linierung verlange eine ständige Aufmerksamkeit, die seine Konzentration bei der Lösung der Klausur störe.

Das Verwaltungsgericht Berlin wies den Antrag zurück. Das von der Prüfungsbehörde für eine Klausur vorgegebene Schreibmaterial, hier liniertes Papier, sei keine unzumutbare Beeinträchtigung der Prüfungssituation. Diese Bedingung gelte für alle Absolventen gleichermaßen und stelle keine »Ungleichbehandlung« des Antragstellers dar, bloß weil sie nicht seinen persönlichen Vorlieben und Befindlichkeiten entspreche. Von einem angehenden Kriminalbeamten könne erwartet werden, Texte auf liniertem Papier zu schreiben, zumal er auch dienstlich mit Vordrucken und anderen Papieren, die ein Schriftbild in gewissem Rahmen vorgeben, befasst werden könne.

Verwaltungsgericht Berlin, Beschluss
vom 29.03.2004–28 A 81.04

Durchgefallen wegen zu kleinem Tisch

Ein Student hatte das zweite juristische Staatsexamen nicht bestanden, weil er bei den Klausuren nur eine Gesamtnote von 2,93 Punkten erreicht hatte. Fünf der acht Klausuren waren mangelhaft. Von der mündlichen Prüfung wurde er ausgeschlossen.

Der Jurastudent erhob Klage: Er habe die Klausuren nicht unter angemessenen Bedingungen absolvieren können, da der ihm zur Verfügung gestellte Tisch lediglich ein Maß von 78 × 78 cm aufgewiesen habe. Die Tischgröße habe es ihm nicht einmal erlaubt, alle für die Lösung der Klausuren erforderlichen Gesetze gleichzeitig aufzuschlagen und auf den Tisch zu legen, und sämtliche für die Lösung benötigten Kommentare hätten auf dem Boden liegen und bei Bedarf aufgehoben werden und nach Benutzung zurück auf den Boden gelegt werden müssen. Anderenfalls sei infolge des Platzmangels ein Abfassen der Klausuren nicht möglich gewesen. Hierdurch, so der Student, sei er in seiner Konzentrations- und Leistungsfähigkeit derart beeinträchtigt gewesen, dass ihm eine leistungsgerechte Klausurbearbeitung unmöglich gewesen sei. Außerdem habe er durch das ständige Umräumen der Bücher erheblich an Zeit verloren.

Das Verwaltungsgericht Koblenz sah in der Größe des Tisches hingegen keinen Fehler im Prüfungsverfahren. Ein Bürotisch mit diesen Maßen sei grundsätzlich geeignet, um in einer schriftlichen juristischen Prüfung eine Klausurleistung zu erbringen. Ein solcher Tisch gebe die Möglichkeit, sowohl den Text der Klausur mit Bearbeitungsblatt als auch zumindest einen aufgeschlagenen Gesetzestext oder Kommentar abzulegen.

Verwaltungsgericht Koblenz, Urteil
vom 29. 10. 1998–7 K 859/98. KO

Null Bock auf Schule

Eine Schülerin fehlte seit Beginn des Schuljahres im Unterricht. Ihre Eltern teilten der Schule mit, dass ihre Tochter deswegen nicht daran teilnehme, da dieser ihren Bedürfnissen nicht gerecht werde. Als die Schule signalisierte, dies sei keine ausreichende Entschuldigung für das Fernbleiben, reichten die Eltern ein Attest ein, in dem hieß, ihre Tochter sei seit Beginn des Schuljahres aus medizinischer Sicht bis auf Weiteres nicht schulfähig. Das war der Schule zu pauschal; sie beschloss, das Mädchen dem Gesundheitsamt vorzustellen.

Gegen diesen Bescheid gingen die Eltern gerichtlich vor. Diese Untersuchung sei überflüssig, denn ihre Tochter sei ja nicht krank, sondern eben – wie im ärztlichen Attest beschrieben – lediglich schulunfähig. Die Schule mache sie krank, sie stelle eine große Gefährdung ihrer Gesundheit und weiteren Entwicklung dar.

Das Verwaltungsgericht Düsseldorf wies den Antrag ab. Die Richter hatten Zweifel am Vorhandensein gesundheitlicher Gründe für das Fernbleiben vom Unterricht: »Solche Zweifel ergeben sich schon daraus, dass die Antragsteller zunächst selbst eingeräumt haben, dass ihre Tochter deswegen nicht die Schule besuche, da der dortige Unterricht den Bedürfnissen ihrer Tochter nicht gerecht werde. Von gesundheitlichen Gründen war in diesem Zusammenhang keine Rede.« Die Feststellung der »Schulunfähigkeit« im späteren Attest sei auch deshalb zu bezweifeln, weil die säumige Schülerin nachmittags und an Wochenenden regelmäßig von Mitschülern draußen beim Spielen gesehen worden sei und sie zudem in einem Telefonat mit der Klassenlehrerin ihr Wohlbefinden und ihre Sehnsucht nach Schule und Freunden zum Ausdruck gebracht habe. Nun müsse der Amtsarzt eben klären, ob die Schülerin wirklich schulunfähig oder einfach nur schulunwillig sei.*

Verwaltungsgericht Düsseldorf, Beschluss
vom 18. 01. 2006–Az. 18 L 2400/05

Diebische Schulleiterin

Die Schulleiterin einer Sonderschule erwarb im Namen der Schule verschiedene Haushaltsgeräte. Mit einem Mitarbeiter eines Elektro- und Küchenmarkts vereinbarte sie eine Manipulation der zu erstellenden Rechnung dahingehend, dass auf ihr lediglich drei Großgeräte, nämlich ein Mikrowellengerät, eine Küchenmaschine und ein Kühlschrank, aufgeführt wurden, obwohl außerdem ein Folienschweißgerät, eine Personenwaage und ein Pürierstab erworben wurden. Diese zusätzlichen Kleingeräte nahm sie mit nach Hause.

Die erforderliche Inventarisierung durch die zuständige Lehrmittelverwalterin verzögerte sie. Schließlich bot die Schulleiterin der Lehrmittelverwalterin ein Folienschweißgerät an, damit sie den Vorfall verschwieg. Als diese das ablehnte, erteilte ihr die Schulleiterin ein Redeverbot.

---

* »Null Bock« ist bislang jedenfalls noch keine anerkannte Krankheit.

Die Sache flog auf. Die Direktorin wurde vorläufig aus dem Dienst entlassen. Dagegen ging sie juristisch vor. Sie habe sich die Küchengeräte nicht aneignen wollen. Vielmehr habe sie die Geräte zu Hause testen und später der Schule zukommen lassen wollen. Die Kleingeräte seien auf der Rechnung nur zur Vereinfachung der Abrechnung weggelassen worden.

Das Verwaltungsgericht Trier gelangte hingegen zu der Überzeugung, dass die Direktorin sich die Küchengeräte durchaus aneignen wollte. Alle ihre Behauptungen seien unglaubwürdige Schutzbehauptungen. Der Diebstahlsvorwurf werde auch durch die Aussage der Lehrmittelverwalterin bestätigt, der die Schulleiterin zunächst ein Gerät als Schweigeprämie angeboten und schließlich ein Redeverbot erteilt habe. Die vorläufige Entlassung der Direktorin aus dem Dienst war damit rechtmäßig.

Verwaltungsgericht Trier, Beschluss
vom 11. 09. 1992–3 L 2/92

ERFOLGREICHE AUSREDE: MIT SCHWEIGEN ZUM ERFOLG

Ein Jurastudent war beim ersten Versuch des Examens durchgefallen. In der Wiederholungsprüfung erzielte er für seine Hausarbeit 7 Punkte und für die Klausuren 11,10 und 7 Punkte. Nach diesem Ergebnis der schriftlichen Arbeiten hätte er das Staatsexamen auch dann bestanden, wenn er in der mündlichen Prüfung nur null Punkte erzielt hätte.

In der mündlichen Prüfung beantwortete er nahezu alle an ihn gerichteten Fragen nicht. Die Prüfungskommission war besorgt und ließ einen Arzt kommen. Der konnte nichts feststellen. Die Prüfungskommission war dann der Ansicht, dass der Kandidat angesichts seines Schweigens auf selbst einfachste Fragen an der mündlichen Prüfung trotz körperlicher Anwesenheit nicht teilgenommen und damit die Prüfung ohne wichtigen Grund im Sinne von § 24 Abs. 4 JAO unterbrochen habe. Das Justizprüfungsamt erklärte damit die Wiederholungsprüfung für nicht bestanden.

Der Jurastudent klagte zunächst erfolglos vor dem Verwaltungs-, dem Oberverwaltungs- und dem Bundesverwaltungsgericht. All diese Gerichte waren der Ansicht, dass eine Teilnahme an der mündlichen Prüfung nur dann vorliege, wenn sich der Prüfling über seine bloße Anwesenheit hinaus aktiv daran beteilige. Nur dann könne eine Leistungsbewertung erfolgen. Der Prüfling habe nicht etwa völlig unbrauchbare, sondern schlichtweg überhaupt keine bewertbaren Leistungen erbracht.

Der schweigende Prüfling erhob daraufhin Verfassungsbeschwerde. Er habe seiner Mitwirkungspflicht bereits durch seine Anwesenheit genügt. Sein häufiges Schweigen ergebe zwar eine unbrauchbare Leistung, nicht aber eine Nichtleistung. Er habe auch nicht erkennen können, wie lange er denkend schweigen dürfe, um noch als Teilnehmer angesehen zu werden.

Das Bundesverfassungsgericht gab dem Schweiger recht. Die Prüfer hatten den Fehler gemacht, den Kandidaten nicht darauf hinzuweisen, dass sie ihn wegen seines Schweigens durchfallen lassen wollten. Hätte die Prüfungskommission ihn bereits während des Termins darauf hingewiesen, dass die Prüfung wegen seines schwer verständlichen Verhaltens als unterbrochen angesehen und für nicht bestanden erklärt werden könne, hätte er sich auf dieses Risiko einstellen können, statt weiterhin darauf zu vertrauen, selbst bei völlig unbrauchbaren mündlichen Leistungen aufgrund der Ergebnisse seiner schriftlichen Arbeiten die Prüfung zu bestehen. »Da ein solcher rechtzeitiger Hinweis unterblieben ist und die Sanktionsvorschrift des § 24 Abs. 4 JAO erst nachträglich herangezogen wurde, ist der Beschwerdeführer durch die Erklärung seiner Wiederholungsprüfung als nicht bestanden in seinem Grundrecht aus Art. 12 Abs. 1 GG verletzt worden.«

Oberlandesgericht Naumburg, Beschluss
vom 16.10.2013–2 Ws 66/13

Gründe, die Sie nicht anführen sollten, wenn Sie Schule oder Universität verklagen

- »Ich dachte, von Juni bis September sei hitzefrei.«
- »Ich bin da nicht mehr hingegangen, weil der Laden meiner Hochbegabung nicht gerecht wird.«
- »Nachsitzen verstößt als freiheitsbeschränkende Maßnahme gegen die Menschenrechte.«
- »Aufgrund des Informationsfreiheitsgesetzes kann ich verlangen, dass das Schulministerium mir die Aufgaben des Abiturs eine Woche vor der Prüfung zusendet.«
- »Ich will Deutschlehrer werden, um an meiner Lese- und Rechtschreibschwäche zu arbeiten.«

- »Mit Ihrer Benotung treiben Sie mich in die Prostitution.«
- »Ich habe die Klausur rechtzeitig abgegeben, gleich am nächsten Tag. Ich musste zu Hause nur kurz etwas nachschauen.«
- »Der Professor hat sich seine Titel doch auch alle gekauft.«
- »Der Prüfungsraum war ungeeignet, er war weder schallisoliert noch klimatisiert. Die Polsterung des Stuhls war auch zu hart.«
- »Ich hatte keine Chance, denn ein ministerialer Erlass schreibt hohe Durchfallquoten vor.«

22

Keine Post bekommen
Wenn Fristen und Termine verpennt werden

Die Frist ist das Fallbeil des Rechts. Wenn der entscheidende Schriftsatz auch nur eine Minute zu spät bei Gericht eingeht, ist die Sache verloren. Leider passiert das täglich tausendfach. Deshalb wird von vielen der untaugliche Versuch unternommen, die Fristversäumnis wegzuerklären.

Hausverbot für Postboten

Ein Mann empfand Post vom Gericht grundsätzlich als ausgesprochen lästig. Die Zusteller mussten für den Briefeinwurf sein Grundstück betreten, da der Briefkasten sich direkt an seinem Haus befand. Also erteilte er dem Postboten ein Hausverbot. Als der sich nicht daran hielt und ihm weiter unerfreuliche Amtspost zustellte, erhob er eine Unterlassungsklage gegen die Post.

Zur Begründung führte er an, er wolle damit seine Missbilligung über die – seiner Meinung nach – schlechten Arbeitsbedingungen bei der Post ausdrücken.

Das Landgericht wies die Klage ab. Es bleibe dahingestellt, ob der Kläger durch das Hausverbot tatsächlich die Arbeitsbedingungen der Zusteller verbessern wollte oder ob es ihm nur darum ging, keine Amtspost mehr zu erhalten – jedenfalls habe der Kläger die Zustellung amtlicher Schreiben durch die Post (die dem öffentlichen Interesse an rechtssicheren Zustellungen diene) hinzunehmen.*

Landgericht Köln, Urteil
vom 16. 10. 2013–9 S 123/13

Verlorener Briefkastenschlüssel

Ein Amtsgericht hatte die Bewährung eines Mannes widerrufen. Dagegen legte er sofortige Beschwerde ein, allerdings erst nach Fristablauf. Damit die Beschwerde nicht als verspätet abgelehnt würde, beantragte er die Wiedereinsetzung in den vorigen Stand. (Wenn ein Verfahrensbeteiligter bestimmte Fristen unverschuldet oder nur mit geringem Verschulden versäumt hat, kann er auf Antrag so gestellt werden, als hätte er die Frist nicht versäumt.) Die Begründung: Seine Ehefrau sei im Besitz des einzigen Briefkastenschlüssels gewesen. Nach einem Streit sei sie vorübergehend aus der gemeinsamen Wohnung ausgezogen und habe den Schlüssel mitgenommen. Er habe deshalb den Briefkasten elf Tage nicht öffnen können. In dieser Zeit sei der Widerrufsbeschluss eingeworfen worden, von dem er somit erst nach Fristablauf Kenntnis erhalten habe.

Das Oberlandesgericht Hamm ließ die Ausrede des fehlenden Schlüssels nicht gelten. Die Richter warfen dem Mann vor, sich nicht darum gekümmert zu haben, an seine Post zu kommen. Er sei in »vermeidbar gleichgültiger Weise« untätig geblieben: Weder habe er seine Frau nach dem Schlüssel gefragt noch einen

---

* Der Hauseigentümer sollte es mal mit einem Hausverbot für Gerichtsvollzieher und Polizeibeamte versuchen.

Schlüsseldienst beauftragt. Das Wiedereinsetzungsgesuch wurde zurückgewiesen. Die Beschwerde blieb damit verfristet.

Oberlandesgericht Hamm, Beschluss
vom 03. 05. 2016–III-4 Ws 103/16

Flatterli reicht nicht

Ein Rechtsanwalt hatte die von ihm eingelegte Berufung gegen ein Urteil des Landgerichts nicht begründet. Das Oberlandesgericht wies ihn darauf hin, die Berufungsbegründungsfrist sei damit versäumt worden. Daraufhin beantragte er Wiedereinsetzung in den vorigen Stand. Das Oberlandesgericht versagte dies und verwarf die Berufung als unzulässig.

Hiergegen legte der Anwalt Beschwerde ein. Er begründete dies damit, er habe auf einem Klebezettel der Marke »Post-it« bei seiner Sekretärin die Notierung der Berufungsbegründungsfrist angeordnet und die Akten so auf ihren Schreibtisch gelegt. Der Klebezettel müsse dann wohl verloren gegangen sein – anders ließe sich nicht erklären, dass seine sonst zuverlässige Sekretärin die Frist nicht notiert habe.

Der Bundesgerichtshof stellte ein Organisationsverschulden des Rechtsanwalts fest und wies die Beschwerde zurück. Ein Klebezettel, der auf einem Aktendeckel angebracht sei, sei einem erheblichen Verlustrisiko ausgesetzt – eine klare Fehlerquelle. Die sichere Handhabung und Kontrolle der Berufungsbegründungsfrist sei nicht gewährleistet gewesen.

Bundesgerichtshof, Beschluss
vom 17. 12. 1998–VII ZB 19/98

Porto sparen

Ein Rechtsanwalt sollte für seinen Mandanten Berufung gegen ein klageabweisendes Urteil des Amtsgerichts einlegen. Die Berufungsschrift wurde in einem DIN-A4-Umschlag, der mit 1,10 Euro frankiert war, an das Landgericht Dessau-Roßlau geschickt. Die Deutsche Post wollte ein Nachentgelt erheben, doch das Landgericht lehnte die Annahme der unterfrankierten Sendung ab. Die Sendung ging an den Rechtsanwalt zurück. Er legte sofort Berufung per Fax ein, aber die Berufungsfrist war zu diesem Zeitpunkt schon abgelaufen.

Der Rechtsanwalt beantragte Wiedereinsetzung in den vorigen Stand gegen die Versäumung der Berufungsfrist. Die Post sei schuld, denn die Sendung sei nicht unterfrankiert gewesen. Seine Rechtsanwaltsgehilfin habe ein Gewicht der Sendung von weniger als 50 Gramm gewogen. Der Brief sei also eigentlich nur mit 0,90 Euro zu frankieren gewesen, mangels passender Briefmarken habe sie ihn mit 1,10 Euro frankiert. Der Brief sei also nicht unterfrankiert, sondern sogar überfrankiert gewesen.

Der Bundesgerichtshof bestätigte jedoch die Verwerfung der Berufung wegen Fristversäumung. Diese beruhe auf einem Verschulden des Rechtsanwalts. Denn bei einem DIN-A4-Umschlag handele es sich um einen, unabhängig vom Gewicht, mit 1,45 Euro zu frankierenden Großbrief.*

Bundesgerichtshof, Beschluss
vom 26. 03. 2007–II ZB 14/06

---

* Es ist schon peinlich, wenn sich ein Anwalt nicht mit der richtigen Frankierung von Briefen auskennt – und noch peinlicher, sich darüber vom Bundesgerichtshof belehren lassen zu müssen.

Keine Post bekommen

Eine Autofahrerin wurde bei einem Rotlichtverstoß geblitzt. Die Bußgeldbehörde schickte ihr zwei Anhörungsschreiben, auf die keine Reaktion erfolgte. Mit einem dritten Schreiben stellte sie das Bußgeldverfahren ein und drohte die Verhängung einer Fahrtenbuchauflage an. Dann hätte die Halterin jede einzelne Fahrt in einem Fahrtenbuch aufschreiben müssen. Auch darauf antwortete die Frau nicht. Schließlich ordnete die Bußgeldbehörde wegen der Unmöglichkeit der Feststellung des Fahrzeugführers bei dem Rotlichtverstoß eine Fahrtenbuchauflage an.

Dagegen erhob die Frau Klage. Sie behauptete, sie habe all die Schreiben der Bußgeldbehörde nicht erhalten und daher nicht an der Benennung des Fahrzeugführers mitwirken können. Die Behörde könne nicht beweisen, dass ihr die Schreiben zugegangen sind.

Die Klage war erfolglos. Dass die Briefe, obschon alle mit der richtigen Adresse versehen, nicht bei der Frau angekommen seien, aber auch nicht in den Postrücklauf geraten waren, widerspreche angesichts des allgemeinen Postverlustrisikos im kaum messbaren Promillebereich jeder Wahrscheinlichkeit. Eher liege der Verdacht nahe, dass diese Behauptung nur »von dem Bestreben geleitet ist, kein Fahrtenbuch führen zu müssen«.*

Oberverwaltungsgericht Berlin-Brandenburg,
Urteil vom 19. 02. 2015–OVG 1 B 1.13

* Aus eigener Erfahrung kann ich sagen, dass auch Gerichtspost eine exorbitant hohe Verlustquote hat. Sie scheint von einem Schwarzen Loch geradezu magisch angezogen zu werden und taucht nie wieder auf …

Frist verschlafen

Das Hanseatische Oberlandesgericht hatte die Frist zu einer Berufungsbegründung bereits zweimal verlängert. Diese ging schließlich am Tag nach Fristablauf beim Gericht ein. Das Gericht verwarf deswegen die Berufung.

Hiergegen beschwerte sich der Rechtsanwalt: Die Fristversäumung sei unverschuldet. Er sei etwa 50 Minuten vor Fristablauf um Mitternacht, während er mit dem Durchlesen und Korrigieren der Berufungsbegründung beschäftigt gewesen sei, in seinem Büro am Schreibtisch eingeschlafen und erst 15 Minuten nach Fristablauf wieder aufgewacht.

Der Bundesgerichtshof sah im Einschlafen keinen Grund zur Entschuldigung. Wer einen »langen, arbeitsreichen Tag« hinter sich habe, müsse gegen 23 Uhr damit rechnen, auch gegen seinen Willen einzuschlafen.

Bundesgerichtshof, Urteil
vom 05. 03. 1970–VII ZB 2/70

»Ich bin dann mal weg«

Dem Verurteilten wurde eine Reststrafe zur Bewährung ausgesetzt, wofür ihm ein Bewährungshelfer bestellt wurde. Ihm wurde zudem aufgegeben, »während der Bewährungszeit jeden Wohnsitzwechsel dem Gericht unverzüglich anzuzeigen«.

Schon bald nach seiner Entlassung begab sich der Verurteilte ins Ausland, ohne dem Gericht den neuen Wohnsitz mitzuteilen. Auch der Aufsicht des Bewährungshelfers entzog er sich. Es war nur bekannt, dass er sich vermutlich irgendwo in Marokko aufhielt. Die Strafaussetzung zur Bewährung wurde daraufhin widerrufen und dieser Widerrufsbeschluss öffentlich per Aushang im Gericht kundgetan.

Nach Ablauf der Beschwerdefrist meldete sich ein Verteidiger des Verurteilten und beantragte für ihn Wiedereinsetzung in den vorigen Stand. Der Verurteilte habe aufgrund seines Auslandsaufenthalts unverschuldet erst jetzt vom Widerruf der Bewährung erfahren.

Doch dieser Antrag hatte keinen Erfolg. Der Verurteilte hatte nämlich alles verschuldet. »Ein Verurteilter, dem in einem Bewährungsbeschluss aufgegeben ist, jeden Wohnungswechsel anzuzeigen, hat es selbst zu vertreten, wenn er sich mit unbekanntem Aufenthalt ins Ausland begibt, ohne seinen Bewährungshelfer und/oder das Gericht über seinen Aufenthaltsort zu informieren, und deshalb eine Widerrufsentscheidung öffentlich zugestellt werden muss und er die Beschwerdefrist nicht wahren kann.«

Oberlandesgericht Hamm, Beschluss vom
13. 11. 2003–2 Ws 285/03

ERFOLGREICHE AUSREDE: »MEIN ANWALT IST DUMM«

Der Angeklagte stand unter Betreuung und bekam deshalb einen Pflichtverteidiger beigeordnet. Das Amtsgericht Magdeburg hatte den Angeklagten wegen Diebstahls zu einer Freiheitsstrafe von sechs Monaten verurteilt. Der Mann beauftragte seinen Verteidiger, Berufung einzulegen. Beim Einlegen der Berufung beging der Rechtsanwalt einen Doppelfehler: Erstens legte er die Berufung erst nach Fristablauf ein, zweitens begründete er den

gleichzeitig gestellten Wiedereinsetzungsantrag nicht. Das Landgericht verwarf den Antrag als unzulässig.
Das Oberlandesgericht Naumburg gewährte anschließend zweifach Wiedereinsetzung von Amts wegen. Dass die Berufung nicht rechtzeitig eingelegt worden sei, beruhe auf dem Verschulden des Verteidigers, ebenso wie die Tatsache, dass der Antrag auf Wiedereinsetzung ohne entsprechende Begründung gestellt worden sei. Dies könne nicht zulasten des unter Betreuung stehenden Angeklagten gehen, da es ihm unmöglich sei, die unzureichenden Anträge seines Verteidigers zu korrigieren oder dessen Prozessführung zu überwachen. Abschließend empfahl das Oberlandesgericht, den ungeeigneten Pflichtverteidiger gegen einen kompetenteren auszuwechseln.

Oberlandesgericht Naumburg, Beschluss
vom 16.10.2013–2 Ws 66/13

Ausreden, die Sie nicht benutzen sollten, wenn Sie eine Frist oder einen Termin verpasst haben

- »Ich lese grundsätzlich keine Post vom Gericht.«
- »Mir wird ständig Post aus dem Briefkasten geklaut. Die Diebe vermuten in den dicken Gerichtsbriefen Wertsachen.«
- »Meine Sekretärin hat die Frist falsch in den Kalender eingetragen.«
- »Mein Meerschweinchen hat den Kalender aufgefressen.«
- »Bei der Post waren die Briefmarken ausverkauft.«

- »Auf dem Weg zum Gericht habe ich Durst bekommen und bin in der Kneipe versackt.«
- »Ich war drei Tage im Drogenrausch. Als ich wieder aufwachte, war der Termin vorüber.«
- »Ich wollte nicht wieder in den Knast und war deshalb zwei Jahre untergetaucht.«
- »Ich habe vor dem Gericht keinen Parkplatz gefunden.«
- »Nur unwichtige Leute lassen sich Termine vorschreiben.«

23

Die Reichsdeppen-Ausrede
Rechtsfreie Räume selbst gemacht

Die sogenannten »Reichsbürger« haben angeblich herausgefunden, dass das Deutsche Reich fortbesteht und die Bundesrepublik Deutschland nicht existiert. Sie bestreiten die Gültigkeit der gesamten bundesdeutschen Gesetzgebung. Das liefert ihnen die ultimative Ausrede für alles Mögliche. Deutsche Gerichte dürften gar nicht über sie urteilen, finden sie. Meist macht die Reichsdeppen-Ausrede auf Basis einer Verschwörungstheorie die Sache aber nur schlimmer.

Unterhalt nach der Haager Landkriegsordnung

Ein sogenannter »Reichsbürger« begehrte Unterhalt nach der Haager Landkriegsordnung vom Sozialamt, da er Kriegsgefangener des besetzten Deutschlands sei. Ihm sei Unterhalt nach der Besoldungsstufe B 11 (ca. 13 000 Euro monatlich) zu gewähren. Zur Begründung des Anspruchs trug er vor, das Deutsche Reich sei mit der militärischen Kapitulation 1945 nicht untergegangen und bestehe fort. Es sei nicht erkennbar, dass das Deutsche Reich dem Gericht eine Betriebserlaubnis erteilt habe. Die Bundesrepublik Deutschland sei lediglich ein Verwaltungskonstrukt der Besatzungsmächte. In Deutschland bestehe daher ein Besatzungszustand. Einen Friedensvertrag gebe es nicht, und da Deutschland besetztes Gebiet sei, sei die Haager Landkriegsordnung (HLKO) in vollem Umfang aktiv. Der Anspruch auf Unterhalt nach der HLKO sei nicht mit den Gesetzen der BRD verhandelbar.

Das Sozialgericht Düsseldorf wies die Klage als unzulässig ab, weil sie sich als rechtsmissbräuchlich darstellte. »Es ist nicht ersichtlich, aus welchem nachvollziehbaren Grund mit der Klage Rechtsschutz von einem Gericht erlangt werden soll, das nach der vorgetragenen Überzeugung keine hoheitlichen Befugnisse hat. Die Bemerkungen, dass das Deutsche Reich dem angerufenen Gericht keine Betriebserlaubnis erteilt habe, dass es sich bei dem Sozialgericht um eine private Firma handele oder dass keine wirksame Ernennung eines gesetzlichen Richters vorliege, können nur dahin verstanden werden, dass dem angerufenen Gericht vonseiten des Klägers die Befugnis abgesprochen wird, rechtsprechende Gewalt auszuüben.«

Sozialgericht Düsseldorf, Urteil
vom 30.03.2016–S 33 SV 26/15

Und die Erde ist eine Scheibe

Ein »Reichsbürger« hatte Schulden, weshalb sein Haus zwangsversteigert werden sollte. Er beantragte, das gesamte Verfahren für rechtswidrig zu erklären, denn er war der Ansicht, das Grundgesetz sei am 17. Juli 1990 außer Kraft getreten, und verbreitete sich auf insgesamt 28 Seiten über die staats- und völkerrechtliche Lage Deutschlands, über seinen persönlichen Rechtsstatus als vermeintlich exterritorialer Staatsangehöriger des Deutschen Reiches sowie über eine angeblich fortgeltende Reichsverfassung in der Fassung vom 19. Januar 1996.

Das Gericht behandelte die Eingabe als Vollstreckungserinnerung (mit der eine laufende Zwangsvollstreckung angegriffen werden kann). Diese wurde zurückgewiesen. Die Ausführungen des Schuldners über die Grundlagen der gegenwärtigen staatlichen Ordnung in Deutschland und über seinen persönlichen Rechtsstatus seien abwegig: »Eine deutsche Reichsverfassung vom 19. Januar 1996, eine kommissarische Reichsregierung oder ein kommissarisches Reichsgericht existieren ebenso wenig, wie die Erde eine Scheibe ist. Die allgemein anerkannte, historisch, politisch und rechtlich legitime verfassungsmäßige Grundlage der Bundesrepublik Deutschland, ihrer Rechtsordnung und ihrer Institutionen ist das Bonner Grundgesetz vom 23. Mai 1949. Das Deutsche Reich in seiner historischen Gestalt ist spätestens mit der bedingungslosen Kapitulation aller Streitkräfte vom 7. und 8. Mai 1945 institutionell vollständig zusammengebrochen. Anderslautende Behauptungen und Rechtsansichten beruhen auf ideologisch bedingten Wahnvorstellungen.«

Der Schuldner nahm seine Ausführungen offenkundig selbst nicht ernst. Indem er nämlich beim Amtsgericht Duisburg Anträge stellte, die auf rechtlich verbindliche Entscheidungen abzielten, erkannte er in den Augen des Gerichts zugleich die auf dem Grundgesetz beruhenden Institutionen in Deutschland an.

Amtsgericht Duisburg, Beschluss
vom 26. 01. 2006–46 K 361/04

Nichtexistenz der Bundesrepublik

Der Kläger, ein Unternehmensberater, wollte, was viele wollen, nämlich keine Steuern mehr zahlen. Zur Erreichung lebenslanger Steuerfreiheit bestritt er die Existenz eines völkerrechtlich anerkannten Staates »Bundesrepublik Deutschland«. Die Bundesrepublik Deutschland besitze keine staatliche Legitimation, stattdessen existiere der Staat »Zweites Deutsches Reich« mit einer kommissarischen Reichsregierung. Der Kläger war außerdem der Auffassung, dass die Steuergesetze der Bundesrepublik Deutschland insgesamt nicht gültig seien. Zudem bestritt er die Legitimation des Finanzamts zur Festsetzung und Erhebung von Steuern. Seiner Ansicht nach handele es sich beim Finanzamt nicht um eine öffentlich-rechtliche Anstalt, sondern um ein privates gewerbliches Unternehmen, das keine hoheitlichen Aufgaben wahrnehmen dürfe. Als Staatsbeamter des reichsverfassungsrechtlichen Staates »Zweites Deutsches Reich« stehe er der nicht existenten Bundesrepublik Deutschland exterritorial gegenüber und genieße Immunität, über die sich das Finanzamt nicht hinwegsetzen dürfe. Weder das Finanzamt noch eine wie auch immer geartete Finanzverwaltung seien zur Festsetzung und Erhebung von Steuern ihm gegenüber berechtigt. Als amtierender Reichswirtschaftsminister (!) falle er nicht in die Zuständigkeit der »untergeordneten Stelle der Bundesrepublik des vereinten Deutschlands GmbH«.

Das Finanzgericht Münster wies die Klage als unzulässig ab, weil sie rechtsmissbräuchlich war. Rechtsschutz hat nur derjenige, der schutzwürdige Interessen verfolgt. Rechtsmissbrauch verdient keinen Rechtsschutz. Das Vorbringen des Klägers beruhte in den Augen des Gerichts allein auf querulatorischen Motiven. Die Klage sei auch deshalb unzulässig, weil sie im Widerspruch zu der vom Kläger behaupteten Nichtexistenz der Bundesrepublik und der angeblichen Illegitimität des angerufenen Gerichts stand. Es sei nicht davon auszugehen, dass der Kläger eine Entscheidung des Finanzgerichts überhaupt anerkennen werde.

Finanzgericht Münster, Urteil
vom 14.04.2015–1 K 3123/14 F

»Reichsbürger« nehmen Gerichtsvollzieher fest

Ein Gerichtsvollzieher hatte sich angekündigt, um bei Ullrich S. ein Bußgeld zu vollstrecken. Der rief das Deutsche Polizei Hilfswerk (DPHW) zur Hilfe – eine Hilfspolizeitruppe der Reichsbürgerbewegung. Als der Gerichtsvollzieher erschien, wurde er von einem Dutzend Männer in täuschend echten Polizeiuniformen erwartet. S. ordnete die Festnahme des Gerichtsvollziehers an, weil er sich nicht korrekt ausgewiesen habe. Die Pseudopolizisten versuchten erfolglos, den Gerichtsvollzieher in einem Handgemenge zu fesseln, und hinderten ihn anschließend daran, das Grundstück zu verlassen. Einer der Beteiligten filmte die Aktion zu »Schulungszwecken«.

Schließlich konnte der Gerichtsvollzieher durch einen Sprung über die Mauer fliehen. Er wurde wegen der psychischen Folgen der Aktion für ein Jahr krankgeschrieben.

Ullrich S. wurde angeklagt. Die Festnahme des Gerichtsvollziehers stritt er nicht ab, schließlich wurde das »Schulungsvideo« im Gerichtssaal gezeigt. Allerdings sei der Gerichtsvollzieher »aufgrund der gesetzlichen Situation im Lande« überhaupt »nicht befugt« gewesen, das Bußgeld zu vollstrecken. Nicht er, sondern der Gerichtsvollzieher habe sich strafbar gemacht, als er versucht habe, ohne hoheitliche Befugnisse zu vollstrecken. Er selbst habe lediglich von seinem Recht für jedermann auf vorläufige Festnahme Gebrauch gemacht.

Das Amtsgericht Meißen hatte kein Verständnis für die Selbstjustiz und verurteilte Ullrich S. wegen gemeinschaftlicher Freiheitsberaubung in Tateinheit mit gefährlicher Körperverletzung zu einer Freiheitsstrafe von einem Jahr und zehn Monaten ohne Bewährung.

www.faz.net/aktuell/gesellschaft/kriminalitaet/
urteil-gegen-falsche-polizisten-in-meissen-13967951.html

Waffenscheinverlust

Eine Mitarbeiterin der Münchener U-Bahn-Wache hatte zum Zwecke des Führens einer Dienstwaffe einen Waffenschein. Wegen Überschreitung des TÜV-Termins für ihr Auto wurde ihr ein Bußgeld von 25 Euro auferlegt. Darauf schrieb sie der Bußgeldbehörde, das Ordnungswidrigkeitengesetz sei vom Bundestag der »BRD-GmbH« rückwirkend aufgehoben worden. Damit existiere für sämtliche Ordnungswidrigkeiten keine rechtliche Grundlage. Logischerweise existierten somit keinerlei Ordnungswidrigkeiten in der »BRD-GmbH« mehr. Das Handeln der Behörde stellte sie grundsätzlich infrage.

Das war das typische Schreiben eines »Reichsbürgers«, erkannte die Bußgeldbehörde und informierte die Waffenbehörde. Die fackelte nicht lange und widerrief den Waffenschein. Dies war insofern misslich, als die Antragstellerin beruflich auf den Waffenschein angewiesen war und nun um ihren Arbeitsplatz fürchtete.

Die Wachfrau stellte einen Antrag auf vorläufigen Rechtsschutz. Den Text für ihr Schreiben an die Bußgeldbehörde habe sie im Internet gefunden, gab sie zur Begründung an. Den Inhalt habe sie nicht weiter durchgelesen. Sie gehöre nicht zur Reichsbürgerbewegung. Das Anschreiben sei »ziemlich blödsinnig« gewesen, sie habe aus »unreflektierter Naivität« und »in hirnrissiger Weise« ein einziges Mal eine unglückliche Formulierung gewählt.

Das Verwaltungsgericht München lehnte den Antrag ab. Es hielt das Absenden eines nicht durchgelesenen und aus dem Internet kopierten Textes für eine Schutzbehauptung. Die Negierung der Existenz der Bundesrepublik Deutschland und der bestehenden Rechtsordnung rechtfertigten Zweifel daran, dass die Antragstellerin die maßgeblichen Regelungen des Polizei- und

Waffenrechts für sich als bindend ansah und ihr Verhalten danach ausrichtete.

Verwaltungsgericht München, Beschluss
vom 23.05.2017 – M 7 S 17 408

Diebstahl der Gerichtsakte

Die mehrfach vorbestrafte Angeklagte Manuela H. war wegen des vorsätzlichen Fahrens ohne Fahrerlaubnis vor dem Amtsgericht Kaufbeuren angeklagt. Sie verstand die Ladung zum Prozess im Januar 2016 als »Einladung«. Sie machte Ausführungen zur fehlenden Legitimation deutscher Gerichte und dazu, dass sich die Richterin und der Staatsanwalt bald selbst vor Gericht verantworten müssten.

Diese ließen sich davon nicht beeindrucken. Als der Staatsanwalt aufstand, um sein Plädoyer zu halten, dämmert es Manuela H., dass sie eine neue Strategie brauchte, um ihre unmittelbar bevorstehende Verurteilung zu verhindern. Zur Verhandlung hatte sie mehrere Unterstützer mitgebracht, die sich lautstark in die Verhandlung einmischten. Während tumultartiger Szenen gelang es einem der Unterstützer, die Strafakte auf dem Richtertisch an sich zu nehmen und der Angeklagten zuzuwerfen. Die »Reichsbürger« erklärten die Akte für »beschlagnahmt«, sie verschwand im Gemenge bei einem anderen Helfer. Manuela H. floh mit ihren Helfern aus dem Gerichtssaal. Auch der herbeigerufenen Polizei gelang es nicht, die Akte zurückzuholen.

Der Prozess wurde schließlich in Abwesenheit der Angeklagten fortgeführt und Manuela H. zu einer Freiheitsstrafe von acht Monaten Haft ohne Bewährung verurteilt. Sie tauchte unter und wurde per Haftbefehl gesucht. Im Februar 2017 wurde sie in Spanien festgenommen und in einem zweiten Prozess wegen des

Diebstahls ihrer eigenen Gerichtsakte zu einer Haftstrafe von einem Jahr und zwei Monaten ohne Bewährung verurteilt.

Amtsgericht Kaufbeuren, Urteil vom 30. 03. 2017–5 Ds 210 Js 1243/16

ERFOLGREICHE AUSREDE: GESPALTENES RECHTSVERSTÄNDNIS

Ein »Reichsbürger« hatte im Bereich eines Parkscheinautomaten ohne gültigen Parkausweis geparkt. Er hat deswegen eine Verwarnung über fünf Euro bekommen. Die wollte er nicht zahlen und schrieb der Behörde, die Bundesrepublik sei nicht existent. Er lehne große Teile der geltenden Rechtsordnung ab. Die Behörde solle ihm einen Schadensersatz von »100 Unzen Gold« zahlen.

Das rief die Straßenverkehrsbehörde auf den Plan, die Anhaltspunkte für eine geistige Störung des »Reichsbürgers« sah, die die Kraftfahrereignung ausschließen könnte. Der Betroffene sollte ein Gutachten eines Facharztes für Neurologie/Psychiatrie vorlegen, um die Eignungszweifel auszuräumen. Als er das nicht tat, entzog die Behörde ihm die Fahrerlaubnis. Seine hartnäckige, grundsätzliche Ablehnung der bundesdeutschen Rechtsordnung biete keine hinreichende Sicherheit dafür, dass er den verkehrsrechtlichen Vorschriften Folge leiste.

Der Mann rief das Verwaltungsgericht an. Er würde »zu keinem Zeitpunkt die Normative der StVO« verneinen oder gar »ein vorsätzlich regelwidriges Verhalten im Straßenverkehr tolerieren« wollen. Vor dem Verwaltungsgericht hatte die Ausrede des »Reichsbürgers«, er lehne die gesamte bundesdeutsche Rechtsordnung ab, nur die Straßenverkehrsordnung nicht, Erfolg. Straßenverkehrsrechtlichen Vorschriften sei ein gesinnungsrechtlicher Ansatz fremd, so das Gericht. Aus der provokativen Ablehnung großer Teile der geltenden Rechtsordnung könne nicht ohne Weiteres darauf geschlossen werden, sie werde in Sachen Straßenverkehrsrecht ebenfalls missachtet. Das Falschparken war der bisher einzige Verkehrsverstoß des 41-Jährigen, was als Beweis dafür gewertet wurde, dass er sich bisher im Straßenverkehr im Wesentlichen rechtstreu verhalten habe.

Verwaltungsgericht Frankfurt, Beschluss
vom 19. 05. 2011–2 L 58/11

Ausreden, die Sie nicht benutzen sollten, wenn Sie als »Reichsbürger« vor Gericht stehen

- »Dem Dienstpersonal der BRD GmbH ist es verboten, ›Reichsbürger‹ anzuschreiben.«
- »Ich bin als juristische Person erloschen.«
- »Ihr Angebot auf Abschluss eines Vertrages über eine Geldstrafe von 3000 Euro lehne ich ab.«
- »Mit dem Untergang der BRD sind alle bestehenden Gesetze entfallen.«
- »Ich werde Sie wegen Landesverrat vors Deutsche Reichsgericht bringen.«

- »Mein Fürstentum Germanien werde ich mit Waffengewalt gegen Gerichtsvollzieher und Polizeibeamte verteidigen.«
- »Ich fordere Sie auf, eine strafbewehrte Unterlassungserklärung zu unterschreiben, mit der Sie sich verpflichten, mir keine Gerichtspost mehr zu schicken.«
- »Ich bin Chefermittler des Reichsamts zur Aufklärung des BRD-Staatsterrorismus.«
- »Richter wie Sie hätte man früher an die Wand gestellt.«

Nachwort

Kann man mit einer cleveren Ausrede den Kopf aus der Schlinge ziehen?

Wie all die Fälle gezeigt haben, bleibt der Versuch, sich herauszureden, meist erfolglos. Statt Freispruch winkt bei absurden Ausreden nicht selten eine Strafschärfung. Doch welche Punkte wären bei der Konstruktion einer erfolgreichen Ausrede zu beachten?

1. Ausreden werden vom Gericht eher bei kleinen Übertretungen als bei Kapitalverbrechen akzeptiert. Eine Ausrede wird vom Richter bei einem Falschparken eher hingenommen als beim Doppelmord.
2. Die Ausrede muss glaubhaft sein. Sie muss sich so nahtlos in die Wirklichkeit einfügen, dass der Bruch zwischen Realität und Fiktion nicht auffällt. Eine Geschichte wie jene, die Beute sei dem Angeklagten von dem wahren Täter zugeworfen worden, als er, zufällig mit einer durchgeladenen Pistole bewaffnet, in einem Waldstück nahe einer Straße seine Notdurft verrichtet habe, ist einfach nur lächerlich. Ein erfahrener Richter weiß genau, ob ein Angeklagter lügt oder ob er nur die Unwahrheit sagt.
3. Die Ausrede sollte kreativ und originell sein. Richter werden jeden Tag mit Ausreden aller Art überhäuft. Sie kennen alle Ausreden in diesem Buch und auch sämtliche aus den einschlägigen Internetforen. Wenn Sie dem Richter eine altbe-

kannte Ausrede präsentieren, werden Sie bestenfalls ein Gähnen hervorrufen. Beispielsweise handelt es sich bei Handys am Steuer auffallend häufig entweder um Rasierer oder Diktiergeräte.

4. Vorsicht bei humorvollen Ausreden, wie sie in diesem Buch dutzendfach vorkommen. Diese funktionieren nur bei Menschen, die ihrerseits über Humor verfügen. Leider gehören Richter in der Regel nicht zu dieser Spezies. Und wenn sich ein Richter veralbert fühlt, fällt die Strafe möglicherweise umso höher aus.
5. Je mehr Zufälle bzw. Missgeschicke man behauptet, desto misstrauischer wird der Richter. Einmal kann man vielleicht Opfer eines Missgeschicks oder zufälligen Pechs sein, aber nicht viel öfter. Türmen Sie Zufall auf Zufall oder passiert Ihnen unglaubliches Pech am laufenden Band, ist Ihre Ausrede unglaubwürdig. Wenn Sie beispielsweise beim Verlassen der Wanne ausrutschen (Missgeschick 1) und auf Ihren Partner fallen (Missgeschick 2), dann einen Stromschlag erleiden (Missgeschick 3), wodurch sich Ihre Hände um die Kehle des Partners verkrampfen (Missgeschick 4) und Sie ihn dadurch versehentlich erwürgen, glaubt das kein Richter.
6. Sie sollten die Ausrede möglichst bald nach dem Erwischtwerden parat haben. Präsentieren Sie Ihre Ausrede erstmalig ein halbes Jahr später in der Gerichtsverhandlung, wittert der Richter eine »nachträglich konstruierte Schutzbehauptung«. Er wird sich fragen, warum Sie Ihre clevere Erklärung nicht gleich bei der Polizei angegeben haben. Das Gleiche gilt, wenn Sie Begründungen auswechseln. Merken Sie, dass Ihre ursprüngliche Ausrede nicht zieht, bringt es meist nichts, eine neue Ausrede nachzuschieben. Am schlimmsten sind Ausredenkarussells – wenn also fortlaufend eine neue Ausrede hervorgezaubert wird, sobald die vorherige gefloppt ist.

7. Die Ausrede muss belegbar sein. Behaupten Sie etwa, Sie hätten das Eigenbrauer-Syndrom – das heißt, Ihr Körper braut den Alkohol selbst, der bei der Verkehrskontrolle zu Missverständnissen geführt hat –, müssten Sie das im Zweifel durch ein Attest nachweisen können. Und wenn Sie Ihrem Ehegatten die Kehle durchgeschnitten haben, sollten nicht nur Sie persönlich ihn für ein Ekelpaket halten, sondern Zeugen benennen können, die Ihre Einschätzung teilen, das Opfer sei ein unerträglicher Haustyrann gewesen.
8. Bei schweren Vorwürfen sollten Sie die Hilfe eines Ausredenprofis in Anspruch nehmen. Sie finden sie im Telefonbuch unter »Rechtsanwälte«. Anwälte sind professionelle Wahrheitsoptimierer und werden alles versuchen, um Ihnen maßgeschneiderte und wasserdichte Ausreden zu liefern. Aus ihrer täglichen Arbeit im kreativen Umgang mit der Wahrheit wissen sie, welche Ausreden von den Gerichten akzeptiert werden und welche nicht.

Axel Krohn und Sören Sieg

»ICH BIN EINE DAME, SIE ARSCHLOCH!«

Deutsche Dialoge mitgehört

Hier treffen sich Witz und Wahnsinn

ISBN 978-3-548-37456-7

Ob in der S-Bahn, beim Bäcker oder auf der Parkbank: Der Durchschnittsphilosoph und Besserwisser weiß alles, wenn auch nichts genau. Und eine Meinung hat er sowieso! Sprachlich kreativ und thematisch vielseitig diskutiert Deutschland über Bushido, Bio-Lebensmittel und den Bundespräsidenten. Axel Krohn und Sören Sieg versorgen uns mit Dialogen aus dem echten Leben. Diese sind mal hohl, mal absurd, mal originell – und garantiert unfreiwillig komisch! Denn: Nichts ist witziger als die Wirklichkeit.

Auch als ebook erhältlich
e-book

www.ullstein-buchverlage.de

ullstein

US403